JN083425

野球ＩＱを磨け！

勝利に近づく “観察眼”

名将だけが知っている、
勝負の分かれ目

飯塚智広
［元NTT東日本野球部監督］

ベースボール・マガジン社

はじめに

野球の面白さって、どこにあると思いますか？

勢いよくキャッチャーミットに収まる剛速球や、フェンスを軽々と越えていく豪快なホームランには魅力があります。ほかにも華麗なファインプレー、信じられないようなスピードの走塁などにも惹きつけられますよね。

そうした派手なプレーはもちろん、なんでもないようなプレーにも、実は緻密《ちみつ》に計算された駆け引きや、水面下での準備があります。目には見えない部分があり、奥が深い。だからこそ野球は面白い。私はそう思っています。

私は、2022年からNHKで高校野球の解説者を務めています。

「解説」というと、何か偉そうに聞こえますよね？　でも、私は野球のプロでもなければ、言葉のプロでもありません。「何を、どう伝えたらいいのかな」と迷いながらも、着飾った言葉を並べるのではなくて、感じたことを素直に話しています。

今のプレーには、どんな意図があったのか。この結果には、どんなプロセスがあったのか。流れは今、どちらにどれだけ傾いているのか。そして、これからどんな展開になるのか……。

目には見えないもの、野球の奥の深いところを、なんとか言葉にしてお伝えしたい。そのために、これまでの野球人生でアップデートしてきた野球ＩＱ（頭を使って野球をする力）をフルに使っています。

私が野球を始めたのは、５歳から。チームのみんなで野球をやるのが楽しくて仕方ない野球少年でした。それから選手、指導者、そして解説者として経験を重ねてきました。「名将」と呼ばれるのは照れくさいですが、私の今があるのはＮＴＴ東日本で私の前任の監督だった故・垣野多鶴氏の教えのおかげです。

そんな何十年もの野球人生のなかで、私は野球の奥深さに魅了され続けています。今回、その思いを形にする機会をいただきました。この本では「こんなことを知っていれば、野球がさらに面白くなるんじゃないか」「こういう視点で観察して、こんなふうに考えたら、野球の奥深さがもっと味わえるんじゃないか」ということをお伝えしたいと思いします。

第１章「野球あるあるを知る」では、野球の試合でよく見られる場面を「あるある」として捉え、その裏にある心理や戦術を解説します。

第２章「観察力を高める」では、監督、選手、ベースコーチなど、さまざまな視点からの試合の見方、考え方をお伝えします。

第３章「試合から学ぶ」では、２０２３年の全国高校野球選手権大会１回戦、富山県立富山商業対佐賀県立鳥栖工業の試合を例に、それぞれの場面における駆け引きや心理を紐解いていきます。細かい点に着目することで、野球の奥深さ、面白さを浮き彫りにしたいと思います。

あくまでも私なりの見方、考え方です。私もまだまだ勉強中。知らないこと、見えないこと、わからないことがたくさんあります。これが正解だなんて、考えていません。そもそも正解なんて、ないでしょう。十人十色、１００チームあれば１００とおりの答えがあると思います。

ただ、野球が大好きな人たちにとって、この本が何かの参考になれば……。野球ＩＱを磨き、観察力を高めるためにお役に立てたら……。そんな願いを込めながら、書き進めていきます。どうぞ最後までお楽しみください。

CONTENTS

CONTENTS

第2章　観察力を高める

CONTENTS

CONTENTS

第3章　試合から学ぶ

装丁・本文デザイン
金井久幸
（TwoThree）

DTP
TwoThree

構成
佐伯 要

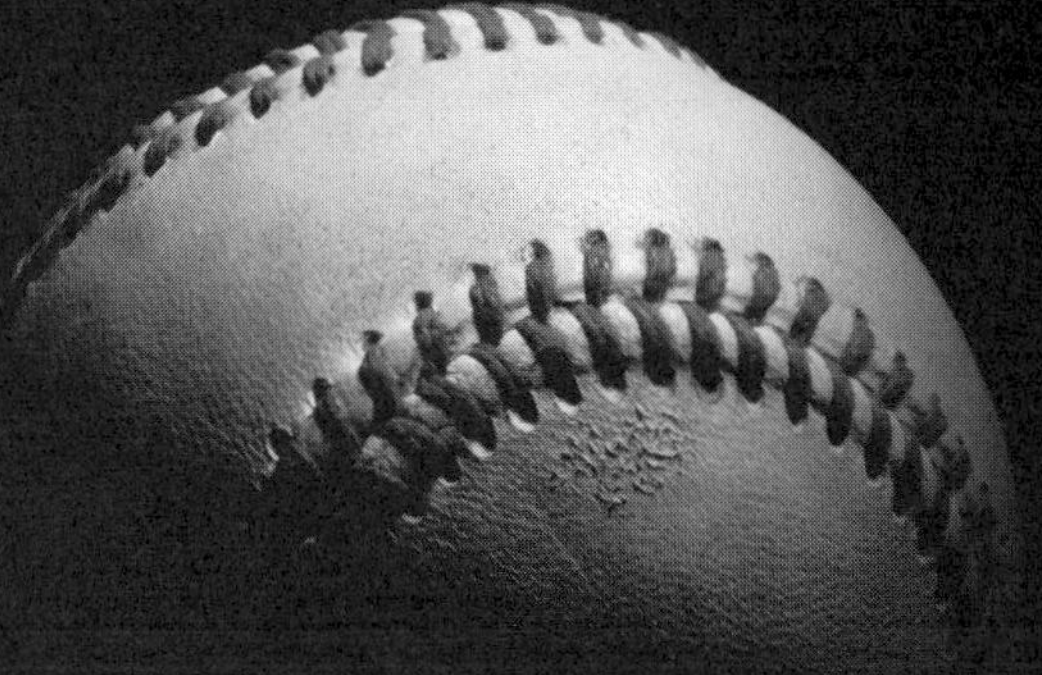

第1章
「野球あるある」を知る

試合中によく起こるさまざまなケースを紹介し、
その解決策や対処方法を紹介していきます。
パターンを把握しておくことで、
試合の流れを読み、勝利に近づくことができます。

本当の意味での「強いチーム」とは？

いきなりですが、質問です。

二死二塁から、打者がセンター前へヒットを打った。センターが前進してゴロを捕り、バックホームする。中継に入った内野手はカットせず、送球がダイレクトで本塁へ。打者走者は一塁を回ったところで、本塁上のクロスプレーを見ている。捕手が捕ると、走者にタッチ。判定は「セーフ！」。打者走者は一塁ベース上でベンチへ向かって、大きなガッツポーズ！

このシーンを見たら、あなたはどう思いますか？

私は「いやいや、バッターランナーは送球間に二塁へ行けたでしょう？」と思います。

打者はヒットを打ったら、二塁へ行くつもりで一塁をオーバーランする。外野手からの送球を見て、内野手にカットされないとわかったら、すかさず二塁へ。1点入って、なお二死二塁で追加点を狙える――そんなチームを見ると、「強いな」と感じます。

では、強いチームとは、どんなチームでしょうか。

私が考える強いチームは、「負けにくいチーム」です。個人の能力に頼るのではない。見た目は地味かもしれませんが、やるべきことができている。しかも高いレベルで、当たり前に。だから、チーム力の高さが毎年、安定している――そんなチームです。

「速い球を投げる投手がいるチーム」や「ホームランバッターがいるチーム」もたしかに強いでしょう。ただ、個の能力に頼るチームには、どうしても波があります。能力の高い選手が揃っている年は、勝てる。でも、揃っていない年は、勝てない。いわば「素材野球」です。

そういうチームは、スタンドプレーが目立ちます。見ていて派手で、面白いかもしれません。トーナメント方式の大会では爆発力や勢いがあり、圧倒的な強さで優勝することもあるでしょう。しかし、初戦で負けることもあります。

特に私が監督をさせていただいていた社会人野球のチームは、社員はもちろん、地域のみなさんから応援されるチームであることが求められます。監督としてそこを考えたとき、本当の意味で強いのは、負けにくいチームです。

「やるべきこと」と「やってはいけないこと」

では、負けにくいチームができている「やるべきこと」とはいったい何か？　いくつか挙げてみます。

○ボールから目を離さない
○状況（イニング、点差、アウトカウント、ボールカウント、走者の位置など）をしっかり確認する
○次に起こりえるプレーを予測して、準備する
○目の前で起きているプレーを見て、判断する
○バックアップ、ベースカバーを徹底する
○野球のルールの細かい部分まで把握する
○チームの決まりごと、約束ごとを徹底する

冒頭の二死二塁からのタイムリーヒットで、打者走者が二塁を狙い、再び二死二塁の形をつくるのは、やるべきことの一つです。これらが高いレベルで、当たり前にできるチームが、負けにくいチームです。

チームの決まりごとは、たとえば「2ストライクからのエンドランでは、ワンバウンドの空振りはＯＫ」といった共通認識です（のちに詳述します）。

反対に、「やってはいけないこと」があります。1つは、「やるべきことをやる」の裏返しです。

×ボールから目を離す
×状況が確認できていない
×次に起こりえるプレーに対する準備ができていない
×目の前のプレーを見ずに、決めつけや思い込みで動いている
×ベースカバー、カバーリングを怠る
×野球のルールの細かい部分が把握できていない
×チームの決まりごと、約束ごとが統一されていない

冒頭の二死二塁からのタイムリーヒットで、打者走者が一塁ベース上でガッツポーズをするのは、やってはいけないことの一つです。
エラーは、やってはいけないことではありません。野球にエラーはつきものです。もちろん、エラーで負けることもあります。しかし、そのときはしっかり反省して、次につなげて

いけばいいだけです。

もう1つ、やってはいけないことがあります。それは、『野球あるある』を知っていれば防げるはずのプレーです。

「野球あるある」とは、「こういう場面では、こういうことが起きるよね」というプレーです（具体的にはP26から説明していきます）。知っていれば、防げる可能性が高い。「落とし穴」は、あると知っていれば、避けられますよね？　落とし穴を知らなかったり、知っていても意識しすぎたりすると、落ちてしまいます。

試合の流れの目安は「勝負のシーソー」

試合のなかで、「やるべきこと」をどれだけやったか。「やってはいけないこと」をどれだけやってしまったか。それを足し算、引き算する。その答えを自分たちのチームと相手チームを比べて、どちらが上回ったか。それが勝敗に表れる。勝敗は、最後に決まるもの。だから、試合では勝ち負けを意識するのではなく、「やるべきこと」を当たり前にやるだけだ。試合で負けても、野球で負けるなよ！――――。私はそう考えながら、チームをつくり、試合を進めてきました。

野球には運の要素もあります。たとえば、いい当たりでも正面へ飛べばアウト。詰まった当たりでも、落ちればヒットです。それはもう、受け入れるしかありません。

ただ、「たまたま打たれただけだ」と思っても、実は自分たちがやってはいけないことをやってしまった結果かもしれない。その1打席だけではなく、9イニングのトータルで駆け引きがあり、物語がある。それをわかっていて、楽しんでいる選手が多ければ多いほど、そのチームの野球IQは高く、負けにくいでしょう。


試合で「やるべきこと」をやると、ポイントが入る。「やってはいけないこと」をやってしまうと、ポイントを失う――わかりやすく、そう考えることにしましょう。

攻撃でも守備でも、自分たちにポイントが入る、もしくは相手がポイントを失うと、盛り上がる。勢いがつく。反対に、相手にポイントが入る、もしくは自分たちがポイントを失うと、士気が下がる。相手の勢いを感じて重圧がかかる。

この微妙な心理の変化が、その後のプレーにプラス、あるいはマイナスの影響を与え、試合の「流れ」になっていくと、私は考えています。そして、流れが今、どちらにどれだけ傾いているのか。その目安として、私が頭に思い浮かべているのが「勝負のシーソー」です

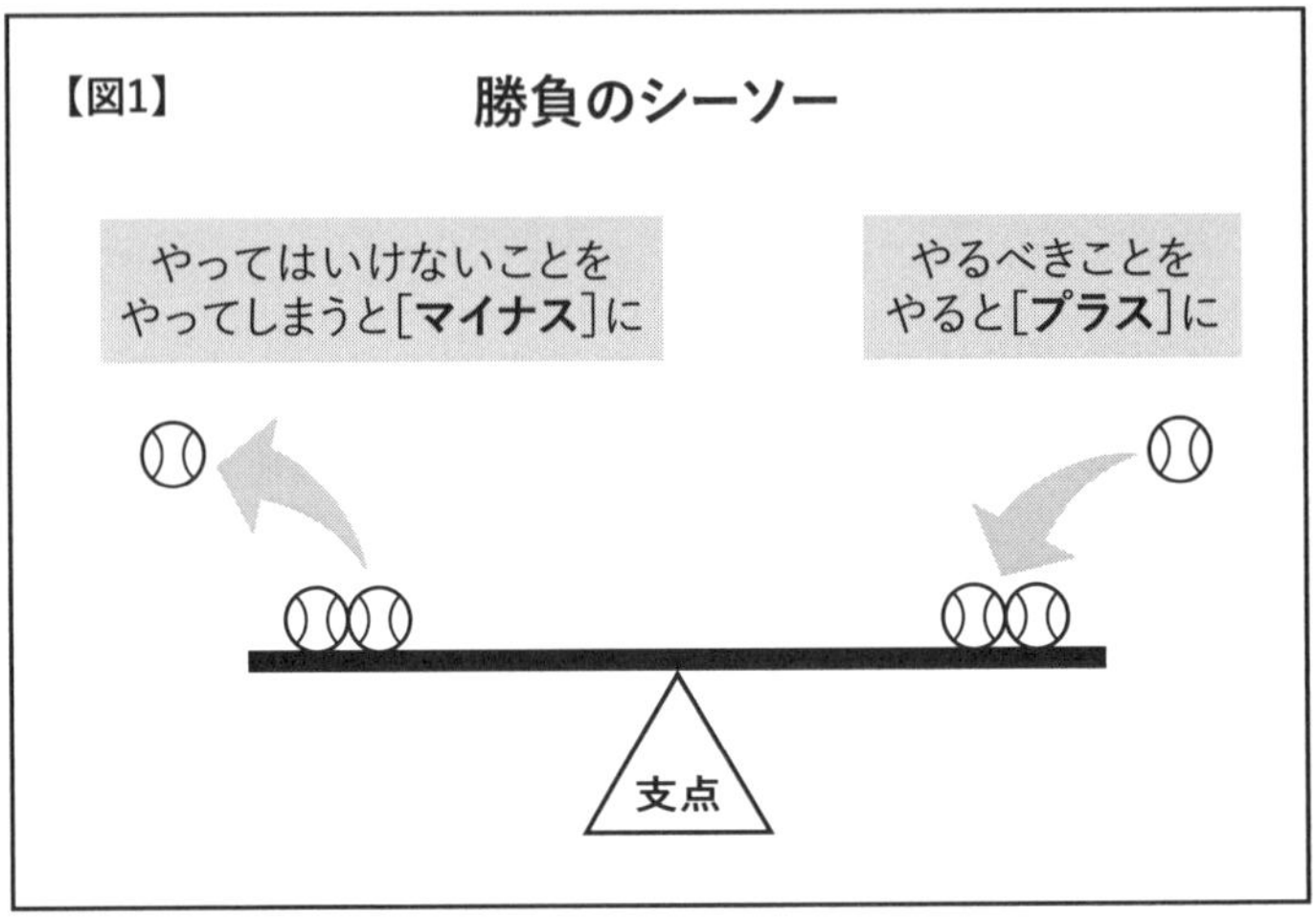

（P20図1参照）。

両チームの獲得ポイントの差が、傾きに表れます。下がっているほうが優勢です。傾きの大きさの分だけ、試合を有利に動かす力が大きくなります。

ここで、子どもの頃にシーソーで遊んだときのことを思い出してください。体重が同じくらいの相手なら、支点までの距離が遠いほう（シーソーの端に乗ったほう）が地面に近づきましたよね？　これは、同じ力でも支点までの距離が長いほうがシーソーを下に傾けることができるということです。

この原理を、勝負のシーソーに当てはめて考えます。

対戦するチームには、それぞれの戦力があります。投手力。打撃力。守備力。走力。選手層の厚さ。試合経験……などなど。

まず、試合が始まるまでに両チームの戦力を分析して、比較する。そして、勝負のシーソーの支点の位置を調整します。左側のチームと右側のチームの戦力がほぼ互角なら、支点は中央のまま。6対4なら、支点を少し右へ。7対3なら、大きく右へ動かします。

つまり、戦力が互角の場合は、純粋に獲得ポイントで傾きが変わる。しかし、戦力差がある場合は、戦力が高ければ高いほど支点から遠くにポイントを乗せられる。仮にポイントが同じなら、強者が試合を有利に進めることになります（P22図2）。逆に言うと、弱者でもポイントを多く積み重ねれば、強者を倒すことができます（同図3）。

戦力差が10対0ということはあり得ないので、戦力のみで勝敗が決まるわけではない。しかも、分析した時点の戦力差は、「噂」のようなものにすぎません。対戦して肌で感じた戦力差は「噂どおりだな」ということもあれば、「聞いていたほどではないな」「聞いていた以上だぞ」ということもあるでしょう。だから、どちらが勝つかは、試合前には誰にもわかりません。

勝負のシーソーは、たった1球で傾きが変わります。こっちに傾いたり、あっちに傾いた

【図2】

勝負のシーソー

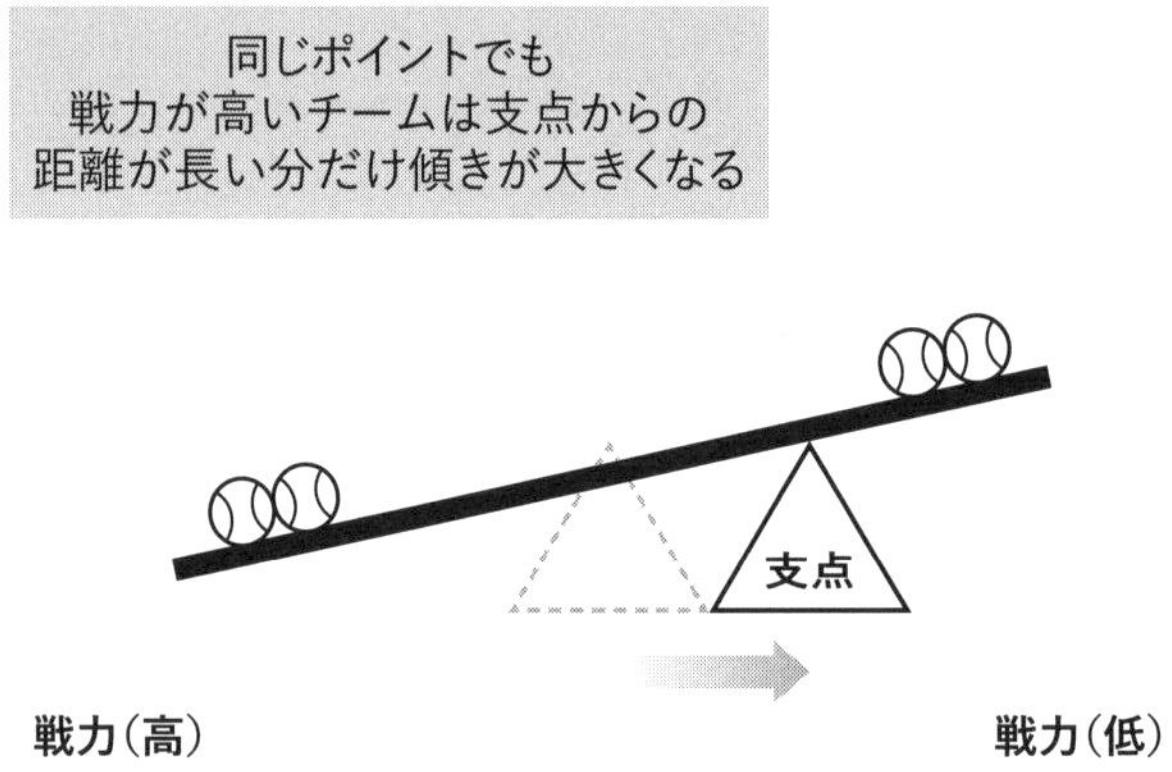
同じポイントでも
戦力が高いチームは支点からの
距離が長い分だけ傾きが大きくなる
支点
戦力（高）
戦力（低）

【図3】

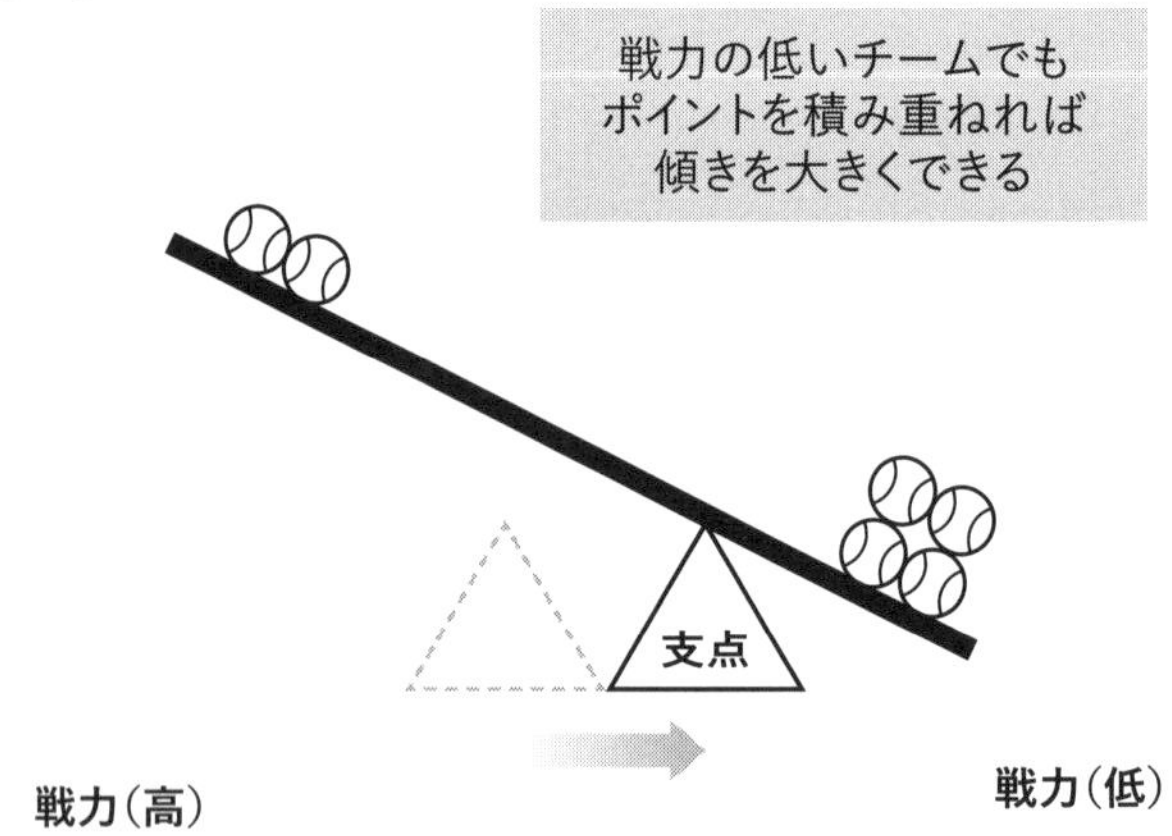
戦力の低いチームでも
ポイントを積み重ねれば
傾きを大きくできる
支点
戦力（高）
戦力（低）

りもします。それが激しい試合が、「シーソーゲーム」です。勝負は、最後の1球までわからない――。それこそが野球の面白さであり、難しさです。

勝負のシーソーをどうやって勝つ方向に傾けるか。それが監督の仕事です。有利に試合を進めているときは、石橋を叩いて渡れば、さらに傾きを大きくできることもあります。反対に、不利な展開のときはハイリターンを求めるために、ハイリスクの勝負手を打つこともあります。

しかし、勝負なので、相手がいること。相手をすべてコントロールしようとしても、できません。相手のほうがやるべきことをやってシーソーの傾きをひっくり返されたら、仕方ない。もともとの戦力差で、傾きを変えるのが難しいこともあるでしょう。

やはり、自分たちがやるべきことをやる。やってはいけないことをやらない。試合に勝つには、これに尽きます。

試合に負けたら、もちろん悔しい。けれども、それがやるべきことをやった結果なら、仕方ない。受け入れて、明日につなげていこう。負けても、グッドルーザーであれ。そういうスタンスで淡々と試合に臨めるのが、私の目指す「負けにくいチーム」です。

野球IQとは？

負けにくいチームは「このチームはどんなチーム？」と訊いたときに、「野球を知っている」「試合運びがうまい」といった特長がパッと挙がります。言いかえると「野球IQが高い」ということです。

野球IQとは、頭を使って野球をする力。「打つ」「投げる」「捕る」「走る」の技術そのものとは違い、目には見えにくい。たとえば、次のような力です。

○やるべきこと、やってはいけないことがわかっている
○状況を判断して、より確率の高いプレーが選択できる
○先を読む力があり、次のプレーに対する準備ができている
○目の前のプレーをよく見て、臨機応変に対応できる
○相手のスキを見逃さずに、つけ込める
○自分ではなく、相手を考えてプレーができる
○チームが勝つ方法を考え、実行できる

野球は9回が終わるまでに、相手より1点でも多く取ったほうが勝つゲームです。いかに出塁するか。いかに進塁させるかが大事です。

イニングの先頭打者が出塁した場合、1つのアウトと引き換えに走者を進めていくと、一死二塁、二死三塁となります。二死三塁からだと、ヒット、ホームスチール、相手のミス（失策、暴投、捕逸など）などがなければ、点が入りません。どこかで1つ以上、アウトと引き換えにせずに進塁させなければならないということです。

相手より1点でも失点を少なくするには、この裏返し。いかに出塁させないか。出塁させたとしても、いかに進塁を防ぐか。

その攻防において引き出しが多いのが、負けにくいチームです。

プレイボールからゲームセットまでの間に、たった1球で状況がガラリと変化します。それによって選手の心理や監督の采配も変わります。対応するには、野球ＩＱを磨かなければなりません。

これから「野球あるある」を紹介します。「攻撃」「投手」「守備」「試合展開」に分けて、その「あるある」が起こる原因や、防ぐためにやるべきことをお伝えします。野球の奥深い部分を知り、野球ＩＱを磨いていきましょう！

攻撃あるある①

フルカウントからワンバウンドを振ってしまう

カウント2ボール2ストライク。外角低めの球がわずかに外れ、ボール。際どい球だったが、よく見逃した。フルカウントになり、次の1球。変化球がワンバウンドになったが、空振りして三振――という「あるある」です。

これには、バッテリーと打者のカウント別の心理が影響していると考えられます。

2ボール2ストライクでは、バッテリーは「3ボールにはしたくない」。打者は「三振はしたくない。なんとかして打たなきゃいけない」。

ところが、3ボール2ストライクになると、バッテリーはもちろん、打者のほうも四球が頭をよぎります。さっきまではバットに当てることだけに集中していたのに、打者の頭のなかに「四球があるかも」という邪念が入り込む。考えることが増えた分、バッテリーが変化球を選択すると、打者は振ってしまうのです。

ここで、カウント別の心理を考えてみましょう。ぜんぶで12とおり。そこを突きつめると、バッテリー対打者の勝負がより深く理解できます。

打率は、1つストライクを取られるごとに下がります。プロ野球の場合は0ストライクまたは1ストライクでの打率が3割以上ある打者でも、2ストライクに追い込まれたあとでは2割台前半か1割台後半まで打率が落ちます。

そのため、バッテリーは基本的に「3球で1ボール2ストライクのカウントをつくりたい」と考えて、配球します。

①初球

バッテリーは打者が何をどう考えているか、わかりません。ヒントがないので、実はもっとも難しいカウントです。

打者としては、相手がストライクを取りにくる確率が高いので、甘い球が来る可能性が高いカウントです。イニング間の投球練習や前の打者への配球を観察して、ストライクを取りにくる球種やコースを把握しておく。その根拠があれば、狙い球を絞ることができます。

攻撃側の監督としては、四球や失策など相手からもらった走者を置く場合は初球からサインを出しやすいカウントでもあります。

②1ボール0ストライク

1球目の反応がお互いのヒントになります。

バッテリーは2ボールにすると苦しくなるので、ストライクが欲しい。見逃し、ファウル、空振りのどれでもいいので、ストライクを取りたいところです。

打者にとっては、仮にここからの1球がファゥルや空振りになっても、不利になるカウントではありません。余裕を持って、強く振れるカウントです。

初球に続いてストライクを取りに来る確率が高いので、攻撃側の監督としては作戦を仕掛けやすいカウントです。

③2ボール0ストライク

打者がかなり有利です。打力のある打者は、好きなコース・球種に絞る。高い確率でストレートを待ちます。狙い球を絞って「打ってやろう」「飛ばしてやろう」と強く振れるカウントです。力んだ状態でも打てるように、普段から2ボール0ストライク用のスイングを練習しておくことをお勧めします（P35参照）。

制球に苦しんでいる投手に対しては、1球待ったほうがいい場合もあります。2ボール1ストライクになっても、打者が不利になるわけではないことを頭に入れておきましょう。

バッテリーとしては、ストレート以外の球種でカウントを稼ぎたい。打者が待っているパーセンテージが少ない球種です。言いかえれば、打者の頭にない球。たとえば1試合で5、

6球しか投げないカーブをそこで投げる。あるいはカットボール、ツーシームなど、振ってきた打者が「あれ、ズレた」と感じる変化球です。このカウントでの選択肢がどれぐらいあるか。多いほど、打者を打ち取れる確率が高まります。

④3ボール0ストライク

圧倒的に打者が有利なカウントです。

打つ球種とコースを絞りこむ。それ以外は打たない。次の1球でストライクを取られても、まったく問題ありません。制球に苦しんでいる投手に対しては、1球待つことも考えます。ただし、打つ気がないのが見え見えの構えでは、相手に簡単にストライクをあげてしまいます。

バッテリーとしては、相手が1球待ってくるかどうかで選択する球が変わります。

打者が待ってくるようであれば、真ん中のストレートでもストライクを取る。打力のある打者は積極的に打ってくる可能性が高いので、甘い球を投げてはダメ。四球で歩かせることも考えるカウントです。

ただし、サヨナラ勝ちのチャンスなど四球で出塁しても意味がない場面では、待ってくることはあまり考えられません。バッテリーは状況判断が必要です。

⑤0ボール1ストライク

投手有利のカウントです。バッテリーの選択肢はたくさんある。ここからストライクゾーンの外へ向かって広げていく。つまり、最初のストライクより厳しい球を投げます。打者としては追い込まれる前に打ちたいところですが、バッテリーは内角の見せ球や低めの変化球など、打者が打ちにくいところを攻めてくることを頭に入れておきましょう。

攻撃側の監督としては、バッテリーはボール球を投げてくることが考えられるので、サインが出しにくいカウントです。

⑥1ボール1ストライク

バッテリー対打者で、どちらが有利になるか。せめぎ合うカウントです。

バッテリーは「打者は追い込まれたくないので、打つゾーンが広がる」と考えるか、「打者はまだ追い込まれているわけではないので、強く振ってくる」と考えるか。初球がボールだった場合は前者、初球がストライクだった場合は後者である可能性があります。

打者としては、まだ当てにいく必要はないカウントです。

⑦2ボール1ストライク

1ボール1ストライクよりも、さらにせめぎ合いが激しくなるカウントです。

バッテリーとしては、3ボール1ストライクになるのは避けたい。

打者は、ストライクを取りにくる甘い球を見逃してはいけません。ただし、バッテリーは空振り（もしくはファウル）を狙える球を投げてくるカウントです。

攻撃側の監督としては、もっとも作戦のサインを出しやすいカウントです。

⑧3ボール1ストライク

打者がかなり有利なカウントです。

バッテリーは「ストライクを取りたい。でも、まともには勝負できない」と苦しんでいます。ストライクが取れる変化球があれば、それを投げます。

打者がやるべきことは、甘い球だけを打つこと。難しい球に手を出して凡打すると、相手に「ラッキー！」と思わせてしまいます。四球を狙って見逃しても、甘い球でストライクを取られてフルカウントになれば、有利ではなくなってしまいます。

⑨0ボール2ストライク

打者が圧倒的に不利なカウントです。

相手バッテリーには余裕がある。「甘いところへ投げて打たれたら、もったいない」という心理もあります。単純に外角のストレートで1球外してくるバッテリーもいますが、レベルの高い相手であれば、そんなムダ球は投げてこないでしょう。そこに投げても、打者の反応から得られるヒントは少ない。ワンバウンドになる変化球、高めの速球で空振りを誘ってくるか、内角に投げ込んでくるか。

いずれにしても、打者は簡単に三振しないことを考えなければなりません。ファウルを打って粘ることも頭にいれて対応しましょう。1つでもボールを選んで1ボール2ストライクにできれば、少し状況がよくなります。

⑩1ボール2ストライク

打者が不利なカウントです。

バッテリーはボール球を振らせる配球を考えます。外角のストライクからボールになる変化球や低めにワンバウンドする変化球を投げて、しとめたいところです。

打者としては、相手投手の持ち球をしっかりと把握したうえで、見極めが重要になるカウントです。

⑪2ボール2ストライク

バッテリーとしては、せっかく追い込んでいるのに、フルカウントにはしたくありません。ここで勝負を決めたいカウントです。

打者としては「際どいコースに手が出ず、見逃し三振」は避けたいところです。攻撃側の監督にとっては2ボール1ストライクの次に作戦のサインを出しやすいカウントです。

⑫3ボール2ストライク（フルカウント）

投手対打者の勝負が、どっちに転ぶかわからない。3ボール1ストライクからのストライクでフルカウントになったなら、投手が少しだけ有利です。2ボール2ストライクからのボールでフルカウントになったなら、打者が少しだけ有利です。

いずれにしても、打者もバッテリーも四球が頭をよぎります。

ストレートでしかストライクが取れない投手もいますが、レベルの高いバッテリーなら、「打者はボール気味の変化球でも振ってくれる」と考えて、投げてきます。一塁ベースが空いている状況では、なおさらです。打者としては「四球があるかも」という邪念は捨てながら、際どい球はファウルで逃げることを考えます。

攻撃側の監督としては、無死または一死一塁の状況であればランエンドヒットを仕掛けやすいカウントです。

このように、バッテリーと打者の心理は、初球から1球ごとに変化していきます。次の1球を投げるまでの約20秒の間に、両者の頭のなかで情報が飛び交い、かけ引きが行われているのです。

攻撃あるある②

チャンスでは三振が多い

走者が二、三塁にいる。一打出れば、逆転のチャンス。外野フライでも同点になる。そんなときに限って、打者が三振に倒れる――という「あるある」です。応援スタンドやベンチから「あーあ」というため息が聞こえてくる。そんなシーンが多くないですか?

バッテリーは「絶対に抑えるぞ」と気合十分。いわゆる「ギアを一段上げる」という状態です。配球が変わり、三振を取りに来ます。

一方で、打者のメンタルも変わる。いつもの自分ではない自分が出てきてしまいます。「絶対に打ってやる!」と力が入る。いつもは来る球に対応して打つのに、そのときに限って球種・コースにヤマを張る。あるいは、外野フライ、内野ゴロを打つ練習をしていないのに、打とうとする。その結果、いつものスイングができず、三振してしまうのです。

この「あるある」を防ぐには、2とおりの考え方があります。

1つは、相手がギアを上げても、自分はいつもどおりを保つ。

もう1つは、自分もギアを上げた状態で打つ。ただ、これには練習が必要です。

打撃練習には、ストレートだけを打つ練習もあれば、ストレートと変化球をミックスして投げてもらって、打つ練習もあると思います。それと同じように、「2ボールからホームランを打つ」という練習をする。**力んだ状態で打てるように準備しておく**ということです。

「カウント別の心理」で説明したように、2ボールは長打を打てるチャンスです。ストライクを取りに来るカウントで、球種も絞れる。だったら、飛ばそうとして力んでもいい。

まずは力んだ状態で狙った球を打つ練習をして、力んだら自分の打撃がどうなるのかを理解する。「来た！」と思ったら、とらえたつもりでも、ズレる。その感覚を自分でつかんでおく。そのうえで、力んでもアジャストできるように練習する。たとえば、「自分は力んだら、いつもボールの上っ面を打ってしまう」のであれば、少し下を打つ技術の引き出しを持っておくといいと思います。

狙った球種以外は、打たないのも大事です。たとえばストレートを狙うなら、スライダーは見逃す練習をする。そういう練習をしておけば、試合で使える引き出しになります。引き出しのうち、どれを開けるか。考えているうちに、次の球が来てしまうかもしれません。優れたバッテリーなら、時間を使わせないように、投球間隔を短くしてくるでしょう。そういうときは、監督がタイムを取る。指導者は「練習でやったことしか、試合で出ないぞ」と言うと思いますが、練習でやったことを試合で出させてあげるのが大事な仕事です。

攻撃あるある③

代打で出た選手が見逃し三振をする

得点のチャンスで、下位に打順が回った。監督が代打を起用する。しかし、バッターは初球の甘い球を見逃した。「なんで振らないんだよ!」。そう思っているうちに、2ストライクに追い込まれた。最後は決め球に手が出ず、見逃し三振——という「あるある」です。原因は準備不足です。チャンスの場面で打席に入る代打の役割は、とても大きい。心拍数の上がる場面で、いきなり自分のスイングができますか? ベンチにいるときから試合に入り込んで、しっかり準備して自分のスイングをしなければ、代打の役割は果たせません。打者にとっては初球が大事です。ファーストストライクから、いかに自分のスイングができるか。1試合に3、4打席は回ってくるスタメンの選手にとってはもちろん、1打席が勝負の代打なら、なおさらです。

初球が狙っていた球と違って、見逃すこともあるでしょう。相手投手が制球に苦しんでいる場合など、待ったほうがいい場合もあります。しかし、「まず初球は様子をみよう」と思っていたら、相手バッテリーに簡単にストライクを取らせてあげることになります。積極的に振れば、たとえ空振りやファウルになっても、あと2ストライク分も打つチャンスがある。そのなかでアジャストできます。

代打で出る選手は、練習でも代打のつもりで打ってもらいたい。フリー打撃から最初の1球に集中する。ケージに入って1、2球バントしてから「バッティングお願いします」はナシ。5球打つうち、4球目にやっといい打球が飛ぶのもダメです。試合では、それはあり得ません。自分のルーティンをこなして心も体もフルスイングできる状態にしてから、ケージに入る。**日ごろの練習で、1球目から自分のスイングをして、イメージと誤差なく球をとらえる訓練をする**。そこまでやって、はじめて「準備ができた」と言えます。

監督としては「ここは代打だ」と思ったときに、「オレですよね?」という感じで準備ができていてほしい。そういう選手は不安なく、起用できます。いい準備さえしていてくれたら、「やるべきことはやった」と言える。結果は相手があること。ヒットを打とうが、アウトになろうが、何も言うことはありません。

もちろん、監督が「お前の役割は、終盤のチャンスでの代打だぞ」「この回、ランナーが出たら、頼むぞ」と言って、前もって準備させておくのも大事です。「代打！」と言ってから、「え、オレですか?」とあわてて革手袋や防具をつけて、2、3回しか素振りをせずに出ていくのは、やってはいけない。アウトになったときに後悔します。

なかには、前もって出番がわかっていると、ガチガチになってしまう選手もいます。いかにお膳立てをしてあげるか。時間をかけてケツを叩いて（もちろん比喩です）、エンジンをかけてから送り出すのか。ただ「行け！」のほうがいいのか。そこは監督の見極めと手腕が問われます。

攻撃あるある④

三振前の大ファウル

右打者が内角の球を思い切り引っ張った。打球が左翼ポール際へ飛んでいく。入るか、入るか……切れた。ファウル。次の1球。外角へのスライダーにバットが届かず、空振り三振――という「あるある」です。

これには確かな根拠があります。打者は引っ張ったファウルを打った。その残像が体に残っています。だから、次に外角へスライダー、フォークがくると、空振りしてしまうのです。「内角で引っ張ったファウル。次は外角へスライダー」。これはバッテリーにとっては定石中の定石。ハンバーガーにはポテト。ビールには枝豆。それと同じ、セットメニューです。

この「あるある」を防ぐのは難しい。そんなに決まりきった配球なら、打者は次に来る外角のスライダーを狙い打ちすればいいじゃないか。そう思っても、一度内角を打って肩が開いたら、体がそれを覚えてしまっている。わかっているのに、打てない。「届いた」と思ったバットが、届かない……となります。

だから、バッテリーは裏をかく配球は必要ないと思います。裏をかこうとすると、かえって裏の裏が表になる。たとえば、内角へもう1球ストレートを投げ込んだつもりの球が少し甘くなって、打ち直しでホームラン。そこまで飛ばなくても、今度はフェアゾーンに飛ばされて、レフト前ヒット……。これも避けられる「あるある」です。

なかには、1球で修正できる技術を持っている打者もいます。そういう場合は、捕手の頭はグルグル回っています。裏をかくのか、定石どおりでいくのか。前の打席など、これまでの打撃はどうだったか？ 三振を取りたい場面か、ヒットならOKの場面か……。「やっぱり外へ構えた」「空振りした」なら、「あるある」の発動。「あ、打たれた」であれば、

「このバッター、技術が高いな。キャッチャーは悪くないよ」となる。

「お、インコースに構えたぞ」「手が出なかった！　見逃し三振」となれば、「裏をかいたバッテリーの勝ち！」となる。「今度はヒットを打たれた」なら、「裏目に出た」となる。

大きなファウルを打ったあとの1球には、こんな駆け引きがあります。この1球は、野球の見どころの一つかもしれません。

攻撃あるある⑤

バントを失敗したあと、追い込まれてからヒットが出る

無死一塁の場面。打者は送りバントをしようとしたが、ファウルになった。カウントは1ボール2ストライクと追い込まれた。しかし、次の球をとらえて、センター前へヒットを打った——という「あるある」です。

私が監督を務めていたとき、守っていてこの場面を迎えたら、「スリーバントを決めてくれ！三振が一番いいんだけど、追い込んだらヒットになるから」と思っていました。監督としては、ヒットを打たれて無死一、二塁になるより、スリーバントで一死二塁のほうがいいに決まっています。なのに、やっぱりヒットを打たれてしまった……。そんな経験が何度もあり

ます。

なぜ、この「あるある」が発動するのか。投手と打者の心理を紐解いてみましょう。

投手としては、「よし、追い込んだぞ」と思います。そこにスキが生まれます。打者としては、「マズい。送れなかった。なんとかしなきゃ」と、お尻に火がつきます。つまり、両者の心理のバランスが打者寄りに傾く。だから、ヒットを打たれやすくなるのです。

バッテリーとしては、もう一つマイナス要因があります。それは、配球の結果として追い込んだわけではないので、勝負球を選ぶ根拠がないということ。たとえばインコースにストレートを投げて、引っ張ったファウルを打たせたのなら、「今の1球で体が開いた」という根拠が生まれる。「よし、次はアウトコースのスライダーでいこう」と勝負球を選択できます。しかし、バント失敗によるストライクだと、ヒントがない。根拠がないまま、勝負球を選ばざるを得ません。

捕手は、どう考えるか？　スリーバントはあるのか、ないのか。0ボール、1ボールなら「次の1球で様子を見よう」、あるいは「勝負球への布石に使おう」と考えられます。ただし、そうすると、次の球で相手がエンドランを仕掛けてくる可能性もあります。

追い込んでからヒットを打たれたら、見ている側は「なんで簡単に投げたんだ！」と思いたくなります。実は、そうではない。捕手の頭はグルグル回転しています。指導者は打たれた結果で判断するのではなく、捕手に理由を訊く。捕手が思考の過程を説明して「そうだよな。わかる、わかる」という話になれば、それでいいと思います。

さて、ここで攻撃側の監督の采配について考えてみましょう。

無死一塁で送りバントのサインを出したということは、「一死二塁」の状況ができればいいわけです。

そこで、1ボール2ストライクになった時点で、エンドランに切り替える。そうすれば、この「あるある」の発動に期待しなくても、結果的にバントで送ったのと同じ「一死二塁」になる確率が高まります。

この場合、打者はノーバウンドの球はなんとしてでもバットに当てなければいけません。「なんとか食らいつこう」という心理ですから、際どい球でも内野ゴロにできる可能性は高いでしょう。勝負球のワンバウンドになるような変化球でも振ってしまうことになりますが、ランナーがスタートを切っているので、空振りでもいい。ワンバウンドになれば、盗塁の形になる。いずれにしても、アウト1つと引き換えに、走者を進めることができます。

2ストライクからのエンドランでは、チームで「ワンバウンドの空振りはOK」という決まりごとをつくっておいたほうがいい。ワンバウンドになる球までバットに当てようとすると、体が前に突っ込んだ状態になってしまい、ポップフライになる可能性が高いからです。

攻撃あるある⑥

無死二塁からのバントで二塁走者が飛び出す

無死二塁。打者は送りバントの構え。ストライクゾーン付近の球に、打者がバットを引いた。しかし、二塁走者が飛び出してしまい、捕手からのけん制で刺された――という「あるある」です。

これは「やってはいけないこと」。せっかくの好機を防げるはずのミスでつぶすと、勝負のシーソーが相手に傾きます。

二塁走者の飛び出しを防ぐために、決まりごとをつくっておきます。打者は「ストライク、ボールに関係なく、自分がバントをしにいったら、バントをする」。二塁走者は「ストライク、ボールに関係なく、打者がバントしたかどうかでスタートを切る」。二塁走者は捕手を見るのではなく、打者を見て判断するということです。

走者一塁のときとは違い、ボールを選んでカウントをつくる必要はない。三塁に確実に送りたいわけです。打者はバットでボールを追いかけたら、それがストライクだろうがボールだろうが、バントをする。結果はファウルでもいい。ただし、ギリギリで「ボールだ!」と思ってバットを引くのはダメ。もちろん、練習でそういうバントの技術を磨いておく必要もあります。

これには、守る側の決まりごともあります。投手の守備範囲はどこからどこまでか。一塁手はどこまで出るのか。セオリーは、投手は三塁側に下りる。右方向はすべて一塁手がカバーしないといけない。そこが徹底できていないチームは、勝負どころで譲り合いが起きたり、逆にぶつかったりしてミスが出てしまいます。

攻撃あるある⑦

大事な局面ほどサインを見ないで打席に入る選手がいる

試合終盤。一死一、三塁。三塁走者が還れば同点、一塁走者が還れば逆転のチャンスを迎えた。スタンドからの応援も今日一番の盛り上がり。監督は、初球にサインを出そうとしている。ところが、ここで打順が回ってきた打者は、サインを見ようとせずに打席に立っている。「おい！」。あわててベンチから声がかかる——という「あるある」です。

大事な局面では、打者はバッターボックスの入りかたが普段と変わってしまう。いつも必ずサインを見るのに、見落としてしまう。緊張して、頭が真っ白になっている。あるいは「打ってやるぞ」と集中しすぎて、周りが見えなくなっている。そういう打者は、打てない可能性が高くなっています。

監督としては、**タイムをかけて選手を呼んで、真っ白な世界から自分の世界に戻す**ことが必要です。大舞台であればあるほど、チームの勝敗を左右する場面であればあるほど、選手はそうなっても仕方ない。「ちゃんとサイン見ろ！」と選手を責めても意味がありません。

攻撃のタイムも、監督が切るカードの一つ。ここぞという場面で使うために、とっておかないといけません。まだ6回なのに3回のタイムを使ってしまうと、サヨナラの場面で選手がそうなったとしても、任せるしかなくなります。

攻撃あるある⑧
サインミスをするのはだいたい同じ選手

試合序盤。無死一塁の場面。監督はカウント次第でエンドランを仕掛けようと考えている。しかし、打者のA選手は「バントのサインが出た」と思って、初球をバント。成功して一死二塁にはなったけど……。

別の試合。同点で迎えた試合終盤の一死一、三塁の場面。監督はセーフティスクイズのサインを出した。打者は投球が外角に外れるボールになったので、バットを引いた。しかし、三塁走者のA選手は「スクイズだ」と思って投球と同時にスタートを切っていたため、三本間で挟まれてアウトになってしまった――という「あるある」です。

こういうサインミスをするのは、だいたい同じ選手であることが多い。それはなぜなのか？

1つは、その選手が緊張しやすいタイプだから。前述の「大事な局面ほどサインを見ないで打席に入る選手がいる」と同じ状態で「あるある」が発動してしまう。

もう一つは、その選手が作戦を読みすぎる選手だから。「このイニング、この点差でこの状況なら、作戦は〇〇だ」と決めつけてしまっているのです。こうなると、サインをわかりやすく出そうが、ゆっくり出そうが、もう関係ない。目で見たサインと、頭に浮かんでいるサインがズレているのに気がつかない。自分の「ここは〇〇だ」という思いが、勝ってしまいます。

この場合は、**周りが「決めつけるなよ」とアドバイスをしてあげる**と「あるある」を防げます。サインミスをしがちな選手が打席に向かうときであれば、監督の仕事。走者であれば、一塁または三塁のベースコーチの役割です。その一言で頭のなかをいったんリセットすれば、サインどおりに動けるはずです。

攻撃あるある⑨

チャンスの場面ではその試合のキーマンに打順が回る

チャンスの場面で打席に入るのは、その試合のキーマンであることが多い。キーマンとはキャプテン、エース、四番、その試合でエラーした選手、4打数4安打と当たっている選手などなど――という「あるある」です。

これはなぜなのか？　私には説明できません。きちんと統計を取ったら、そんなことはないかもしれないし、心理的な根拠もありません。有名な『マーフィの法則』（例：落としたトーストがバターを塗った面を下にして着地する確率は、カーペットの値段に比例する）の類で、過去に同じことを経験したときの印象が強く、記憶に残っているからそう思うだけかもしれません。

そもそもの確率を考えてみると、キーマンはチームに複数いるので、回ってくる確率は9分の1ではない。主将とエース、当たっている選手の3人がいれば、そのうちの誰かに回る確率は3分の1です。アウトカウントが無死、一死なら、その分だけ回る確率は上がる。「確率的には、当然そうなるよね」と考えることもできるでしょう。

この「あるある」は、何かすればコントロールできるわけではありません。ならば、気にしても仕方ない。しかし、守備側の監督としては、「あの選手に回したらマズいんじゃないか」「何かイヤな感じがするな」と、ネガティブに考えてしまいます。

攻撃側であれば「アイツに回ったぞ。なんとかしてくれるはずだ」と期待してもいいかもしれません。ただ、私は監督としてそういう心境になったことはありません。それは、私が悪い方向にばかり考えてしまう性格だからかもしれないのですが……。

攻撃あるある⑩

守りでファインプレーした選手に次の攻撃で打席が回る

二死満塁の場面。打球が左中間へ飛んだ。一気に3点を取られるかもしれない。そう思った瞬間、中堅手がダイビングキャッチ。チームのピンチを救った。次の攻撃で、その中堅手が打席に入る――という「あるある」です。

これは、確率的に十分にありえることです。3アウトまでに少なくとも3人は打席に立つわけですから、確率は3分の1。走者が1人出るたびに、回る確率は上がります。

それでも、その選手が打席に入るときは「野球の神様がついているんじゃないか」と考えてしまいます。そして、その期待に応えるように、この選手が出塁したり、打点を挙げたりするケースが多いのも「あるある」です。

野球では、攻撃側のチームと守備側のチームの心理がプレーに影響を及ぼします。この「あるある」は、監督や選手の心理を揺らす要因になります。攻撃側にはプラスに、守備側にはマイナスに働くかもしれません。

試合を見る立場のときは、「あの『あるある』が発動したぞ。ここは何かが起こるかも」と集中力のボリュームを上げると、楽しみが増えるでしょう。やっている側には、そんな余裕はないと思いますが……。

攻撃あるある⑪

三塁ベースコーチが一度判断ミスをすると消極的になる

序盤のチャンス。一死二塁の場面で、レフト前ヒットが出た。三塁ベースコーチは右腕をグルグル回した。二塁走者が三塁を蹴って、ホームへ。しかし、左翼手からの好返球で惜しくもタッチアウトになった。同点で迎えた8回。一死二塁でレフト前へ、また同じような打球が飛んだ。二塁走者は三塁を回りかけたが、今度はベースコーチが両手を広げて、止めた。ベンチからは「行けただろ!」という声が出る——という「あるある」です。

三塁ベースコーチは、一度判断ミスをすると、勝負どころでの積極性を失います。「やってしまった」「また判断をミスしたら、どうしよう」と考えてしまうからです。

三塁ベースコーチがワンヒットで二塁走者を本塁へ行かせるか、三塁で止めるか。勝敗に直結する、大事な判断です。

判断する目安は「外野手がゴロを捕るのが先か、二塁走者が三塁ベースを踏むのが先か」です（詳しくは、P137を参照してください）。外野手がゴロを捕るほうが早ければ、止める。二塁走者がベースを踏むほうが早ければ、回します。

この判断基準が、ミスによって狂っています。「アウトになったら、マズい」と慎重になってしまい、外野が捕ったときにはすでに三塁ベースを踏んでいても、「安全にいこう」と、止めてしまうのです。

この「あるある」を防ぐには、準備しかありません。

大事なのは、自分の判断に自信を持つこと。自信をなくすと、ベンチの「回せ、回せ！」の声につられてしまいます。この判断において、ベンチは第三者でしかない。ベンチから「外野手がゴロを捕るのが先か、二塁走者が三塁ベースを踏むのが先か」は見えない。また、そのほかの情報（外野手の肩が強いか、送球が正確かどうかなど）が頭に入っているわけではありません。

三塁を回るとき、二塁走者はベースコーチだけが頼りです。自分では、起きているプレーが見えないからです。ベースコーチがベンチの声の勢いにつられて、視界が狭くなってしまってはいけません。

アウトか、セーフか。それは結果でしかありません。大事なのは、そこまでのプロセスです。やるべきことをやっていたかどうか。やったうえでうまくいかなかったら、相手が上回ったということ。もう一度言いますよ。準備が大切です！

投手あるある①

簡単に2アウト取ったあと、2ボールになる

イニングの先頭から2人の打者を簡単に打ち取り、2アウトになった。しかし、3人目の打者に対してボールが続き、2ボールになる。打者有利のカウントになって、四球を与える。もしくはストライクを取りにいった球を痛打されて、走者を出す――。この「あるある」は、特に3人目の打者が下位打線のときに発動します。

原因は、心のスキ。アウトを2つ取った安堵や余裕というより、「よし、この回はもう終わった」という油断です。いったん油断してしまうと、走者を出したあとに「気持ちを切り

替えよう」「もう一度エンジンをかけよう」と思っても、簡単にはできません。

油断は表情やしぐさ、投球の質に表れます。イニングの先頭打者や次の打者に対したときと、二死後では変わっている。たとえば、表情に緊張感がなくなる。それまでやっていたルーティンをしない。自分が狙ったところにボールがいかなかったとき、いつもなら腕の振りを確認するのに、そのしぐさがない。投球の間隔が変わる。初球の入りかたが変わる。それまではボールになっても低めに外れていたのに、高めに浮く……などなど。

この「あるある」を防ぐには、どうすればいいか。投手は、**試合開始の1球目から試合終了のラスト1球まで、同じ状態で投げる**のが大事です。

とはいえ、ずっと同じ状態を保つのは難しいものです。変化したときに投手が自分で気づいて、すぐに修正できればいい。ですが、本人にはなかなかわかりません。

そこで、捕手が気づいてあげられるかどうか。投手のわずかな変化を見過ごさない。目からの情報や、球を受けたミットから伝わってくるものを感じ取る。1ボールになった時点で、変化に気づけば最高です。あるいは1球目を受けたあとに「2球目まで様子を見ようか」と思っていても、次の球を投げるまでの姿から「これはマズい」と思い直して、投手に声をかける。

高校野球では2024年からはルールが変わり、「捕手を含む内野手が投手のもとへ行ける回数は、1イニングにつき1回、1人だけ」となりました。そこで、タイムを取るまでいかなくても、間を取って、ひと声かける。あるいはしぐさで知らせる。バッテリー間で合言葉のようなものがあるといいですね。たとえば「また悪いクセが出てるぞ」「いつもどおり！」というように。捕手はこれくらいクレバーで、気が使えないと務まりません。

もし捕手が投手の変化を見過ごせば、「やってはいけないことをやってしまったポイント」を相手に与えてしまいます。

二死走者無し。七番打者。2ボール。そこで「まあ、いいか」と思うのか。「いやいや、この1人でも出したらダメだ」と思うのか。

ここで七番打者を塁に出したら、次の八番打者を打ち取ったとしても、次の回は打順が九番、一番、二番と回る。しかし、七番を打ち取れば、次の回は八番、九番、一番です。捕手が頭のなかでそういうストーリーを作れているか。

野球では、1球1球にストーリーがあります。たった1球が分かれ道になることもしばしば。その1球にかけられる時間は、わずかしかありません。たとえば社会人野球、大学野球では、『試合のスピードアップに関する特別規則』として、「投手は、捕手、その他の内野手または審判員からボールを受けた後、走者がいない場合には12秒以内に、走者がいる場合は20秒以内に投球しなければならない」というルールがあります。

「あれ？　ボールになっちゃった。どうしようかな」と迷っているうちに、もう20秒がたってしまいます。

バッテリー、特に捕手は常に何手か先を見ておく必要があります。「こうなった場合は、こうしよう」というオプションが常に準備できている。しかもその引き出しの数が多い。いつも頭のなかが動いている。肩の強さや打力以上に、頭の回転の速さこそ、いい捕手の条件だと私は思います。

投手あるある②

ピンチで好リリーフした投手がイニングまたぎで打たれる

1点リードで迎えた7回に、先発投手が二死二、三塁の一打逆転のピンチを迎えた。この場面で出てきたリリーフ投手が、後続を打ち取り、ピンチを脱出した。しかし、イニングをまたぐと、次の回の先頭打者を四球で歩かせたのをきっかけに失点してしまう――という「あるある」です。

なぜリリーフ投手は、イニングまたぎで打たれるのでしょうか？

リリーフ投手がピンチの場面でマウンドに立つとき、初球から「勝負だ！」という気持ちで、心拍数は上がった状態です。

そこで抑えて、ベンチに戻るといったん落ち着く。味方が攻撃している間に、体も心も緩んだ状態になります。

そのまま次の回のマウンド上がると、前の回の緊張した状態とは球質が違います。打者が受け取る〝気〟のようなものも含めて。その状態のまま簡単に投げてしまうと、「さっきのピンチではあんないいピッチングをしたのに、いきなり先頭バッターにストレートのフォアボールを出した」となるのです。

イニングをまたぐ投手は、前の回のイニング途中に登板したときとまったく同じではないにしても、近い状態を意識してマウンドに上がらなければなりません。そうすれば、抑えることができる可能性が高くなります。

そこで大事なのが、イニング間の投球練習です。その間に、心拍数を上げる。気持ちを高める。ルーティンがあるなら、それを崩さずにやる。

リリーフで燃えるタイプ、ピンチで「抑えてやるぞ」という気迫を前面に押し出すタイプの投手は、次の回の先頭打者に向かうときもその雰囲気を出した方がいい。イニング間の投球練習から「おりゃ！」と声を出してもいいと思います。やるべきことは**「ランナーを背負った状態と同じ準備をして、同じ状態で初球を投げる」**です。

なかには「いったんリセットして次の回のマウンドに上がったほうがいい投球ができる」という投手もいるかもしれません。それなら、そういう準備をすればいいと思います。要は最初にマウンドに上がったのと同じ状態で投げるために、準備の引き出しをいくつか持っておくことが大切なのです。

監督としては、「試合を左右する場面だ。1球も気は抜けないんだぞ。わかってるな?」と言いたいところです。しかし、そういう練習をさせてきたかどうか。投手に「わかってるか?」と訊くと、「イニングまたぎで打たれるってやつでしょ? わかってますって」と答えるでしょう。ただ、頭でわかっているだけでは、体はついてきません。紅白戦や練習試合で、そういう経験をさせておく必要があります。

はじめは「あるある」が発動して、失点するかもしれません。でも、それは次につながる失敗です。「わかってないじゃないか!」と叱るだけでは、監督失格です。

「どうだった? 失点したのはたまたまじゃないぞ。何が原因だと思う?」「緩かったです」「何が緩かった?」と突きつめていく。そのうえで「君の役割として、次もピンチで上がってくれ」と次の機会を与えて、投手の成長を促す。これが監督の仕事です。

投手あるある③

マウンド付近に上がったフライを野手が捕れない

マウンド付近に高いフライが上がった。投手は自分で捕ろうとせず、野手に任せてマウンド付近から離れていく。捕ろうとした一塁手が、マウンドにできた穴にスパイクの爪を引っかけてバランスを崩し、落球する。または捕手が深追いして、内野手とお見合いする。内野手同士がぶつかって、落としてしまう——という「あるある」です。

そもそも、なぜ投手はピッチャーフライを捕らないのでしょうか。「真上に上がったフライは捕るのが難しい」「投手はフライを捕る練習をしていない」「投手がボールを追いながらマウンドを降りるのは難しい」。いくつか理由が考えられます。

しかし、投手はもともと守備が上手な選手、野球センスがある選手がやっているはず。フライを捕るのが苦手でなければ、投手が捕ってもいいわけです。

投手は、投げ終わったら9人目の野手です。これは昭和の時代からの格言。それはなぜか？打撃の基本は「センターに返し」。つまり、投手のところにもっとも打球が集まるようになっています。投手がフライだけでなく、ゴロやライナーを捕るのがうまければ、アウトを取る確率が上がる。確実に防御率は下がります。

フライを捕るときの決まりごとをチームで作っておく

この「あるある」を防ぐためには、フライを捕るときの決まりごとをチームで作っておくべきです。たとえば一塁手と三塁手が追う。どちらも捕球できそうで、両方とも「オーライ!」「アイガーリッ!(I got it!)」と声を出した場合は、サードに優先権がある。マウンド横のフライで、捕手と一塁手ならば一塁手が優先。マウンドの後ろで遊撃手と三塁手なら遊撃手が優先……というように。

攻撃側も、この「あるある」を頭に入れておきましょう。打者は打ち上げても、あきらめずに全力で一塁まで走る。これは当たり前にやるべきこと。野手が落としたのに、打者走者が走っておらず、一塁でアウトになってしまう——。これは相手にポイントをプレゼントしてしまう怠慢プレーの一つです。

塁上にいる走者は、フライが上がっても捕られると決めつけずに、次の塁を狙っておく。そのためには、フライを捕ろうとする野手だけではなく、ほかの野手がベースカバーに入ろうとしているかどうかも見ておかなければなりません。

投手あるある④

投手が一塁ベースカバーに入るプレーでミスが起こる

一、二塁間に打球が転がる。一塁手が二塁方向へ動いて捕って、一塁のベースカバーに入った投手にトスをする（3―1）。もしくは二塁手が捕って、一塁のベースカバーに入った投手に送球する（4―1）。このときに悪送球が起きる。投手が落球する。投手がベースを踏み損ねる――という「あるある」です。

投手の一塁ベースカバーは、簡単そうに見えて、実は複雑なプレーです。

一塁手、二塁手は投手が一塁ベースへ走ってくるタイミングに合わせて、捕りやすいところへ送球しなければなりません。

投手はマルチタスクが求められます。一塁ベースに向かって走る。送球を見る。走者を見る。送球を捕る。ベースを見て、踏む。このどこかでミスが起こる可能性がある。投手のスタートが遅れることもあるでしょう。投手が打者走者と交錯する危険もあります。打球としては打ち取っていても、アウトにするのが難しいプレーなのです。

この「あるある」を防ぐために、まずは**投手をなるべく連係プレーに関与させない**ことを考えます。一塁手がゴロを捕ったら、自分でベースを踏む。一、二塁間のゴロは、二塁手が主導する。二塁手が捕るときは「オッケー！」と声をかけ、一塁手が素早くベースに戻る（二塁手が何も言わないときは、一塁手が捕りにいく）。前提として、一塁手と二塁手がお互いのポジショニングを把握していかなければなりません。「3―1」「4―1」ではなく、なるべく「3―3」「4―3」にすることで、かなりミスが減らせるはずです。

投手は、送球を捕ったら右足で一塁ベースの手前の角を踏み、そのままフェアゾーンのほうへ膨らんで走り抜ける。これが基本の動き。そうすれば打者走者と交錯する危険は回避できる。ただ、アウトにするために、仕方なく左足で踏まないといけない場合もあります。

野手からの送球が高くなったり低くなったり、左右に逸れたりすることもあります。投手がやるべきなのは、これからどんなプレーが起こるか、予測しておくこと。「送球のタイミングがズレるかもしれない」「送球がワンバウンドになるかもしれない」などとあらかじめ想定しておく。そうすれば、送球のタイミングが遅れたとしても、自分の走るスピードを緩めて、一塁ベースを踏むまでの時間を調整できる。ワンバウンドになっても、とっさに反応できます。何も考えていなければ、何か一つでもうまくいかなかったときに「え!」「うわっ!」と慌ててしまいます。

予測するには、経験が必要。経験したことのないプレーは、予測できるはずがない。そこで、指導者の出番です。シートノックで、野手にわざとワンバウンドを投げてもらう。あるいは投手にあえて遅れてベースに入ってもらう。普段からあえてイレギュラーな練習をして、選手に経験を重ねさせるのが指導者の役割の一つです。

「3―6―1」の併殺プレーも同じ。できるだけ一塁手が一塁ベースに戻って、「3―6―3」にしたほうがミスは少なくなります。

「3―6―1」で左投手が一塁ベースに入る場合は、特に難しい。左投げの一塁手が一塁ベースを踏む際は、基本的には軸足である左足で踏みます。しかし、左投手が一塁ベースへ走ってきて、左足でベースを踏んで止まろうとすると、走ってきたときと体の向きを反転させなければなりません。勢いがついている分、止まれない。そこで、右足で踏む。そうすればしっかり止まって、捕ることができます。細かいことですが、これくらいこだわって当然というほど大事なことです。

野球にミスはつきもの。複雑なプレーでは、なおさらです。指導者は「何やってんだ！」と叱る前に、「そういうプレーを経験させていたか？」と自らに問いかけてほしい。どんなに練習しても100％はないかもしれない。でも、100％に近づける練習をみんなでつくり上げる。「あるある」のプレーであればあるほど、悔いを残さないように練習しなければなりません。

守備あるある①

4―6―3の併殺プレーで、二塁手が反時計回りで悪送球する

走者一塁の場面。打者が走者をなんとか進めようと、一、二塁間を狙ってゴロを打った。二塁手が一塁方向へ動き、追いついた。そのまま反時計回り（左へ回転）して二塁ベースカバーの遊撃手へ送球する。しかし、ボールが大きく逸れて、オールセーフになった――という「あるある」です。一塁寄りであればあれほど、起こりやすいプレーです。

早く投げることだけを考えれば、反時計回りのほうが投げやすい。体の回転と腕の振りが同じ方向になるからです。しかし、投げる目標（この場合は二塁ベース）に背を向けることになります。目標から目線が切れるため、遊撃手が捕れない球になったり、一塁走者に当ててしまったりする悪送球になりやすいのです。

この「あるある」を防ぐためには、二塁手に限らず、投手や捕手も含めて、野手は**「反時計回りは悪送球になりやすい」**と知っておくべきです。反時計回りではなく、**すばやく体を切り返して、目標を見すえて投げる**。そうすれば、悪送球になる可能性はかなり減らせます。

もちろん、リスクを背負って反時計回りで投げなければならない場合もあります。勝負する場面なのか、二塁で一つアウトを取ればいいのか。あるいは二塁をあきらめて、一塁でア

ウトを取ればいいのか。状況を頭に入れて、準備しておかなければなりません。

この「あるある」を攻撃側から考えてみましょう。走者一塁のときに一、二塁間に狙って打てば、ミスが起こる可能性もある。二塁手は一塁走者も視界に入るので、投げにくい。「一、二塁間を狙って打って、ゲッツーになったらどうしよう……」とネガティブに考えずに、「セカンドゴロでOK」です。

ほかのところを狙ってヒットを打つ確率よりは、ランナーを進められる確率が高い。その狙いの先に一、二塁間を抜ける安打になれば、走者一、三塁になる可能性も高まります。

この考え方で打撃ができれば、アウト1つと引き換えに走者を進める作戦の選択肢が増えます。

野球では、点が入るか入らないかは別にして、走者をスコアリングポジションに置いて攻撃することが大事です。もちろん点差にもよりますが、たとえばリードして迎える最終回など、一死からでも走者を二塁へ進めたほうがいい場合もあります。

チャンスをつくって、攻め続ける。ボクシングでいえば、利き腕のストレートでKOできなくても、いろいろなパンチを打ち続けるようなもの。攻撃を簡単に終わらせないで、自分たちのペースで試合を進める。相手にペースを握らせず、プレッシャーを与えて、体と心のスタミナを削る。それが試合終盤の大事な局面で、ボディブローのように効いてきます。

守備あるある②

交代したポジションに打球が飛ぶ

守備固めの選手が入ると、そのイニング中に打球が飛ぶ――という「あるある」です。象徴的なプレーがあります。1996年夏の甲子園決勝・松山商業高（愛媛）対熊本工業高（熊本）の「奇跡のバックホーム」です。3対3で迎えた10回裏。松山商は一死満塁のサヨナラのピンチでした。ここで、澤田勝彦監督は右翼に矢野勝嗣選手を送り出しました。矢野選手は右腕をグルグル回して、ベンチから右翼へ。その直後にフライが飛んでいきました。「犠牲フライでサヨナラだ」と、誰もが思ったでしょう。しかし、矢野選手は定位置のやや後ろで捕ると、本塁へダイレクト返球。三塁走者を刺した。高校野球の歴史に残る好プレーの一つです。

投手と捕手を除けば、ポジションは7つ。アウトを3つ取るまでに守備固めに入った選手のところに打球が飛んでくる確率は7分の3です。そう考えると、偶然というよりも、必然に近いのかもしれません。

この「あるある」は、試合の途中から入った選手にとって、最初のプレーがいかに大事かをあらわしています。交代して守備についたら、「絶対に飛んでくるぞ」と意識して、しっかり準備しておかなければなりません。「早くボールに触りたい」と思うくらいで、ちょうどいいでしょう。

試合の緊迫した場面で、大事なポジションに代わって入る。その役割はとても大きい。スタメンで試合に出ている選手が、攻撃が終わって守備につくのとは違います。

途中から試合に出る選手は、練習でもそのつもりで守ってもらいたい。ノックはもちろん、フリー打撃での守備でも、最初の1球に集中する。たとえ練習でも「もう1本、お願いします」はナシです。

スタメンの選手にとっても、最初の守備機会は緊張します。途中から試合に出る選手は、なおさら。いきなり緊迫した空気のなかに立たされるわけですから。

私も外野手として守備固めで出場した経験があります。同じ守備固めでも、外野手は内野手ほど緊張しないと思います。それでも、いきなり飛んでくるのがイージーフライならともかく、正面のライナーはイヤでした。「前へ出るのか、出ないのか」の判断が難しい。勝負して突っ込む場面なのか、ヒットはOKなのか。自分のエンジンがかかっていないと、突っ込もうにも、突っ込めません。

控え選手もベンチにいるときから、出ている選手と同じように試合に入り込む。そうでないと、自分のプレーはできません。ベンチにいるとき「声を出せ！」「汗をかけ！」と言われるのは、そういう意味です。

試合の空気をどうやって感じるか。その空気に自分がどう同化していくか。口で言うのは簡単ですが、難しい問題です。監督としては、そこを理解しておく必要があります。急に「行け！」と言って、「なんで準備できてないんだ！」と叱るのは、自分の読みの甘さを露呈するのと同じ。ベンチにいる選手に「こういう場面が来たら、お前の出番だぞ」と、あらかじめ心と体の準備をさせておくのが監督の仕事です。

守備あるある③

野手はエラーした次の打球では固くなる。スローイングはなおさら

遊撃手が悪送球をした。周りから「ＯＫ、ＯＫ」「もう1本、来るよ。次だよ」と声がかかる。次の打者も、遊ゴロ。遊撃手の動きが固い。腕が縮んだような投げかたで、一塁への送球がワンバウンドになった――という「あるある」です。

1つエラーをすると、「やってしまった」「またエラーしたら、どうしよう」と考えてしまいます。大きな大会や大事な試合になればなるほど、これまでの練習が信じられなくなって

しまいます。あんなにゴロ捕りをやって、ノックを受けてきたのに……。

この「あるある」を防ぐには、**練習でやってきたことを信じて、試合でやるだけ**。これに尽きます。

エラーが出ると、その選手だけではなく、チーム全体が不安を感じ始めます。やってきたことが、信じられなくなる。「やってきたことが間違っていたんじゃないか」「練習量が足りなかったんじゃないか」と疑い始めます。指導者は「やってきたんだから、大丈夫だよ」と重苦しい呪縛から解き放ってあげるのも大事な役割の一つです。

試合は、練習でやってきたことを発揮する場。試合では、練習どおり、いつもどおりに、思い切りプレーする。それだけで十分です。

野球は失敗のスポーツです。ミスは誰にでもある。大事なのはミスをしないことではなく、ミスを引きずらないこと。ミスのあとも、試合はどんどん進んでいきます。

試合では1球ごとにリセット、オン、リセット、オンが連続します。すぐに次の打者が打席に入る。投手も次の1球を投げる。リセットの間は約20秒。悔やんだり、落ち込んだりする時間はありません。そこで終わったプレーについて考えてはダメ。「勝ちたい」「うまくプレーしたい」と結果を考えてもダメです。過去や未来のことに気をとられると、心のなかに

「魔物」が出てきます。

考えるべきなのは今、この瞬間のこと。**「この状況で、自分は何をしなければいけないのか」に集中して、次のプレーの準備をすればいい**のです。

「自分のミスのせいで負けたらどうしよう」と不安になる気持ちも、よくわかります。責任感が強い人ほど、そう考えてしまうでしょう。

でも、よく考えてみてください。野球はチーム全員でやるもの。誰か一人のおかげで勝つことも、誰か一人のせいで負けることも、ありません。

もちろん、「ここで守って、ピンチを救うぞ」という気持ちも大事です。ただし、あまりその気持ちが強すぎると、余計な力が入って、いつもできることができなくなってしまいます。いつもどおりにプレーする。それが一番大事な「やるべきこと」です。

試合展開あるある①

5回のインターバル後に試合が動く

試合が進み、5回が終わるとグラウンド整備が行われる。夏の甲子園では暑さ対策として「クーリングタイム」が導入され、選手たちはベンチ裏で10分間の休息をとるようになった。

試合が再開されると、6回に試合が動くケースが多い——という「あるある」です。降雨などでの中断したあと、試合を再開したときにも同じことが言えます。

これは、P54「投手あるある②」の「イニングまたぎ」で投手が緩むのと似ています。インターバルで、チーム全員がいったんリセットする。そのまま6回に入ってしまうと、集中力が欠けていたり、体が思うように動かなかったりして、軽率なプレーやミスが出る。そこから崩れていって、失点につながってしまいます。

この「あるある」を防ぐには、心と体のスイッチをもう一度入れ直す必要があります。「ここからだ。さあ、行くぞ!」と言ってベンチを出るときに、テンションだけではなく、体の状態も上げなければなりません。初回から5回までと同じように、6回以降に入っていくのが理想です。

試合展開あるある②

最終回は簡単には終わらない

3対0とリードして迎えた9回の守り。あと3つアウトを取れば、勝利が決まる。しかし、四球や失策をきっかけに一打同点のピンチを招いてしまう——という「あるある」です。

「野球は9回二死から」「27個目のアウトを取るのが一番難しい」と言いかえることもできます。少々古い言い回しですが、「勝負はゲタを履くまでわからない」という言葉もありますね。

私自身のことを思い返すと、NTT東日本の監督として日本一になった2017年の都市対抗でも、この「あるある」を経験しています。

1回戦の三菱重工神戸・高砂戦では、7対2と5点リードして迎えた9回表に4安打を集中され、3点を返されました。準々決勝の新日鐵住金東海REX戦でも6対2で迎えた9回表に3ランを打たれ、なお二死一塁と同点の走者を出しながらも逃げ切りました。

実は、準決勝の東芝戦では0対0で迎えた9回裏の攻撃で一死三塁からライト前ヒットでサヨナラ勝ちしています。でも、その試合より、点差を詰められた1回戦、準々決勝の経験で「最終回の守りはなかなか終わらない」と実感しています。

この「あるある」には、リードしているチーム、追いかけるチームの心理が影響しています。

リードして最終回の守りについているチームは、「あと1イニングだ。この回を抑えれば、勝てる」と思っています。これまでは淡々と試合を進めてきたのに、9回になってゴールが見えると、急に意識してしまう。

点差によっても心理が異なります。点差が4点以上あれば、「最悪、満塁ホームランを打たれてもまだ同点だ」という安心感がある。これが緩みにつながります。51ページの「投手あるある①」の「簡単に2アウト取ったあと、2ボールになる」と同じですね。

点差が詰まっているとき、たとえば1点リードの場合は「この1点を守り切らなければ」というプレッシャーが重くのしかかってきます。攻撃で何度も得点のチャンスを作りながら、追加点が奪えなかった場合は、より一層です。

これは両チームに言えることですが、選手の疲労も影響してくるでしょう。野手もそうですが、特に投手。プロ野球の場合は絶対的な守護神が9回のマウンドに上がって、試合を締めてくれます。それでも、ドキドキ、ハラハラする。アマチュア野球ではなおさらです。

エースが一人で投げるチームの場合は、9回になると球数は100球を軽く越えてしまい、疲労がたまっています。限界に使い状態で投げているケースもあるかもしれません。最近では複数の投手で継投するチームも増えました。とはいえ大学野球や社会人野球ならともかく、高校野球でクローザーの役割を果たせる投手がいるチームは稀でしょう。

この「あるある」を防ぐには、**試合開始の1球目から試合終了のラスト1球まで、同じ状態でプレーすること**に尽きます。1球目から集中して、汗をかいたプレーをすれば、最終回も冷や汗ではなく、初回と同じ汗をかいたプレーができます。それが最も自分の力を出せる状態のはずです。

監督としては、選手がプレッシャーを感じすぎたり、感じなさすぎたりしないように、導かなければなりません。一人ひとりの性格を知り、そのときの表情やしぐさを見極めて、適切な声をかけます。

もっと大事なのが、普段の練習。ノックの1球目から緊迫した状況をつくって、経験させておく。「1球目だから、ミスしてもOK。もう一丁いくぞ！」は、いいことではない。試合では、「もう一丁！」はない。それをどれだけ意識させられるか。

試合と同じように、9回の疲れた頭と体でプレーする練習もしておくべきです。60分間の守備練習をやるとしたら、15分を4セットにする。ベンチに戻って1回座って、また出ていって守る。それを繰り返したほうが、より試合に近づきます。「練習は試合のように。試合は練習のように」を頭に入れて。そこまでやれば、「最終回、それが何？」というプレーができると思います。

最終回の攻撃で追いかけるチームはどうでしょうか？「逆転するぞ！」と士気が高まっています。特に終盤に追加点を阻んだ場合は、その勢いに乗っている。そこから反撃が始まります。

さらに、観客が後押ししてくれます。特に甲子園では、ネット裏のファンは負けているチームに声援を送ります。これが「魔物」となってリードしているチームに襲いかかり、追いかけるチームの勢いを加速させる。リードしているチームが止めようとしても、なかなか止まりません。

追いかけるチームは、この「あるある」を最大に利用しましょう。**いつもどおりに攻めていれば、チャンスがくる。27個目のアウトを取られるまで、絶対にあきらめない**。漫画『スラムダンク』の安西先生の「あきらめたら、そこで試合終了だよ」というセリフは、名言中の名言でしょう。

肝心なのは、「いつもどおり」であること。今まで何のために練習してきたのか。それは、試合で自分の力を発揮するため。いつもどおりにやらないと、普段の練習を裏切ることになってしまいます。いつもは初球から甘い球が来たら打ちにいくのに、「もったいない」と思って待ってしまうと、簡単に追い込まれる。いつもどおりの自分のプレーをしないことのほうが、もったいない。

あとは普段にそれだけの練習を積んできたか。体がヘトヘトに疲れていて、緊張で心拍数が上がっているときに、打つ練習をしたか。そこまでやってきていれば、結果的に負けても悔いはないと思います。

「やることはやってきた。意味のある練習をしてきたので、プライドを持って挑めました。試合に負けたけど、相手があることなので。これが野球ですよね」と言えたらカッコいい。そう言えるだけの練習をしたいものです。

試合展開あるある③

ピンチのあとにチャンスあり。チャンスのあとにピンチあり チャンスは3回やってくる。ピンチも3回やってくる

守りで得点圏に走者を背負ったが、投手が踏ん張り、野手もよく守ってなんとか抑えた。その次の攻撃で、得点のチャンスを迎えることが多い。その逆も然り。そして、チャンスもピンチも、1試合に3回ある——という「あるある」です。

統計を取ってみると、おそらくそんなデータは出てこないでしょう。ピンチがなくてもチャンスはやってくるし、チャンスがなくてもピンチはやってきます。過去の経験の印象が強く、記憶に残っているだけかもしれません。

原因として考えられるのは、やはり心理の揺れ。相手は攻撃でチャンスを逃して、がっかりする。味方はピンチをしのいで、士気が上がる。「勝負のシーソー」の傾きが、ガタンと

変わります。

チャンスとピンチが3回やって来るのは、なぜか。正解はありませんが、打順が1回りするごとに1回のチャンスが巡って来る。投手の立ち上がりと、5回のインターバル後（P68の試合展開あるある①）、最終回（P69の試合展開あるある②）に試合が動きやすい状況があるなど、いくつか理由が考えられます。

この「あるある」は、「そういうものだ」と思って備えておけばいいと思います。たとえば、好投手を攻略できずに、点が入らないイニングが続いても「いつかチャンスが来る」と考える。それをものにできるように作戦を立てたり、代打、代走などを用意したりしておく。「このまま終わるはずがない」とポジティブに考えて、焦ることなく、どっしりとプレーする。

逆に、試合がうまく進んでいても「勝てる」と思わずに、「いつかピンチが来るかも」と考えて、油断しない。リリーフ投手や守備固めの選手を準備しておく。

チャンスにしても、ピンチにしても「あ、来てしまった」というのと、「ほら、やっぱり来たぞ」というのでは、結果が大きく違ってきます。

試合展開あるある④

凡ミスでチェンジになった次の回はピンチになる

一死一塁で、打者が右翼前へ浅いフライを打ち上げた。二塁手が下がって、捕る。ところが、一塁走者は全力疾走で二塁を回り、三塁へ向かっていた。二塁手が一塁手へ送球して、併殺でチェンジ。どうやら、一塁走者はアウトカウントを間違えていたようだ。その直後の守備では先頭打者に二塁打を打たれて、いきなりピンチを迎えた――という「あるある」です。

野球には、ミスがつきもの。しかし、凡ミスは単なるミスとは違います。「集中力が欠けていた」「ルールを知らなかった」のほか、勘違いや思いこみなどで起きてしまうミス。「やってはいけないこと」の最たるものです。

特に攻撃側が凡ミスを犯してチェンジになった場合は、悪い雰囲気のまま守備につくことになります。一方、守備側のチームは勢いにのったまま攻撃に入ります。その心理がプレーに影響を与えるため、この「あるある」が発動してしまいます。

凡ミスは、具体的には以下のようなプレーです。

攻撃の凡ミス

・二塁打を打った選手がベースを離れたままベンチに向かってガッツポーズしているところをタッチされて、アウトになった
・ヒットを打った走者が一塁をオーバーランして、すぐに帰塁した。ボールから目を離していたために相手の返球の乱れを見逃して、進塁できなかった
・二塁を回った走者が一塁へ戻ろうとして、二塁を空過した
・走者が安全第一のリードでいい場面で、けん制でアウトになった
・一塁走者がけん制されて、手から帰塁。起き上がるときにベースから手を離した瞬間にタッチされ、アウトになった
・一塁走者が盗塁。セーフだったのに、アウトだと勘違いしてベンチに戻ろうとして、タッチアウトになった
・一死三塁から三塁走者がスタート。打者がスクイズのサインを見落としていて、三塁走者がアウトになった
・三塁ベース上で、三塁走者と二塁走者が重なり、2人とも野手にタッチされた。前の走者に占有権があるのに、三塁走者がベースを離れてしまい、タッチアウト。ダブルプレーになった。

・二死一、二塁から、打者が打った打球がライト前へ。二塁走者は三塁で止まった。しかし、一塁走者は「前のランナーが三塁を回る」と思い込んで、二塁を大きく回った。挟殺プレーが起きて、あわてて本塁へ向かった前の走者がアウトになった

・同点の9回裏、二死満塁。一塁ゴロを一塁手がファンブルして、三塁走者が生還。打者走者もセーフ。サヨナラでゲームセットかと思ったが、一塁走者が一、二塁の途中で止まり、整列に加わった。これに気づいた守備側のアピールで、得点は認められなかった

守備の凡ミス

・一死一塁で遊ゴロ。「併殺だ」と思ったが、二塁手が二塁ベースに入っておらず、併殺を逃した

・一死一、二塁で三ゴロ。「併殺だ」と思ったが、三塁手がアウトカウントを間違えており、三塁ベースを踏んでベンチへ戻ろうとした

・無死二塁で打者がバントした強い打球が一塁手の前へ。二塁走者は二塁に戻ったのに、一塁手は二塁走者が走っていると思いこんで、三塁へ投げた

・一死二塁で、打球は右中間へ。中堅手がよく追いついて、捕球した。二塁走者はタッチアップから三塁へ。しかし、中堅手はアウトカウントを間違えていて、ボールを持ったまま

ゆっくりベンチへ戻ろうとしていた。間違いに気づいてあわてて返球したが、二塁走者は一気に本塁まで還ってきてしまった

凡ミスを防ぐには、**「やるべきことをやる」**の一言に尽きます。
ボールから目を離さない。状況（イニング、点差、アウトカウント、ボールカウント、走者の位置など）を確認する。次に起こりえるプレーを予測して、準備しておく。目の前で起きているプレーを見て、判断する。ルールについて勉強しておく……。どれも、やればできることであり、当たり前にやるべきことです。それを怠って凡ミスをしてしまうと、相手にポイントを与えてしまう。「勝負のシーソー」が相手側に大きく傾きます。

試合展開あるある⑤

パーフェクトピッチングの投手が終盤に1本打たれると、失点する

攻撃側のチームが、7回二死までパーフェクトに抑えられていた。このままだと完封どころか、完全試合を達成されてしまう。頼む！　誰か、1本打ってくれ……。そんななかで打席に入った三番打者が、左前に安打を打ち、初めての走者が出た。完全試合も、ノーヒット・

ノーランも逃れた。続く四番打者が四球を選び、二死一、二塁。さらに五番打者が中前に適時打を打ち、完封も逃れた――という「あるある」です。

この原因は、3つ考えられます。1つは、投手の投球動作の変化。投手が初めて走者を背負うと、これまでとは違うフォームで投げることになります。ワインドアップ、ノーワインドアップで投げていた投手は、セットポジションになる。走者がいなくてもセットポジションで投げていた投手も、クイックモーションで投げることになる。そのため、これまでとは投球が変わってしまうのです。

2つめは、投手の心理。パーフェクトやノーヒット・ノーランを狙える投球だったのに、1本のヒットで緊張の糸がプツリと切れてしまう。その気持ちをリセットできないまま、次の打者に投げてしまい、そこから崩れてしまいます。

3つめは、攻撃側の心理。安打が1本も出ない状態が続くと、イニングが進むにつれて、「こんなはずじゃない」と焦って、どんどん重苦しい雰囲気になっていきます。私が監督を務めていたときも「みんなマスコットバットを使っているのかな?」と思うくらいバットが振れなくなって、いつもの打撃ができないことがありました。

それが、1本出たことによって気持ちが楽になる。バットも通常の重さに戻って、思い切って振れるようになります。そこから2本目、3本目が出る。出ないときはまったく出ないのに、出始めるとドバっと出る。俗にいう「ケチャップ理論」ですね。

投手側の原因がマイナスに、攻撃側の原因がプラスに作用して、「勝負のシーソー」が大きく攻撃側に傾くというわけです。

試合開始の1球目から試合終了のラスト1球まで、同じ状態でプレーすることの大切さは、この「あるある」からもわかります。それができれば、投手は走者を出しても緊張の糸が切れることはない。攻撃側もバットが重く感じることはないでしょう。しかし、わかっていても、なかなか難しい。特に大きな大会や大事な試合では、なおさらです。守備側の監督や捕手、内野手はタイムを取ってリセットさせることが必要かもしれませんね。

第2章
観察力を高める

試合中のみならず、
ウォーミングアップの段階からすでに戦いは始まっています。
最大限相手チームの情報を収集するためには、
観察するための視点が重要です。
ここではそのポイントを紹介します。

17 人の視点で試合を見る

あなたは野球の試合を見るとき、どこに視点を置いていますか？

バッテリーと打者の18・44メートルを挟んだ対決は、緊迫感があります。これまで紐解いてきたように、1球ごとに両者の心理は変わります。この対決の結果によって、勝負のシーソーが傾くかもしれない。監督として試合の流れを読むには、ここから得る情報が重要です。選手としても、プレー中にボールから目を離さなければ、ここに集中する時間が長くなります。

しかし、見るべきところはここだけではありません。状況（イニング、点差、アウトカウント、ボールカウント、走者の位置など）を確認して、次に起こりえるプレーを予測したり、より確率の高いプレーを選択したりするには、いろいろなところを細かく観察しなければなりません。

人間の目は、知らないものは見えません。正確に言うと、目には入っていても、情報として処理されないので、見過ごしてしまいます。第1章でお伝えした「野球あるある」を知ったうえで、これからお伝えする視点で野球を見れば視野が広がり、見えているものの解像度が上がると思います。野球ＩＱを磨くことにもつながります。

さて、質問です。野球の試合でプレーに参加しているのは最大で何人でしょうか？守備側が9人。攻撃側は打者が1人。走者が各塁にいれば3人で、計4人。合わせて13人がプレーしています。それだけではありません。まず、両チームの監督がいます。さらに、一塁と三塁のベースコーチを合わせれば17人です。

試合を観察するとき、この17人を俯瞰して見ることと、この17人の視点で見ることが大事です。さらにいえば、ネクストバッターズサークルには次打者が控えています。ブルペンにはリリーフ投手とブルペン捕手がいます。ベンチには代打、代走、守備固めとして準備している選手もいるでしょう。今はプレーに参加していなくても、先を読むには彼らの存在が欠かせません。

私は、目には見えない試合の流れ、勝負のシーソーを見ようとしています。今どうなっているか。この先はどうなるのか。そのために、あるときは広角のカメラでグラウンドを俯瞰して、一人ひとりがどう動いているかを見る。あるときは誰か1人にズームインして、動きや表情、しぐさなどを見る。またあるときはその人の目になって、その人が何を見ているのかを想像します。

たとえば、監督として打者の特徴を見るときは、ギューッと焦点を絞って打者に合わせて、クローズアップする。「なるほどね」とわかれば、またパッと視野を広げていく。守備側が次の1球でどうしてくるかを見るときは、視野を広げて守備陣の位置と動きを見て、「やっぱりそうくるか」と確認したら、バッテリーと打者の勝負に視点を戻す。試合中はずっと視点の移動やズームイン、ズームアウトを繰り返しています。

野球には、それくらい見るべきポイントがたくさんある。**ボールから目を離してはいけませんが、ボールだけに集中してもダメ。どこか1点に集中する必要もあれば、複数のものを同時に見ることも必要です。**しかも、次の1球までの合間にカメラをスイッチングして、ピントを合わせないといけません。

こうして視野を広げつつ細かく観察すると、ホントに疲れます。でも、その意識を持つだけで野球の面白さ、奥深さが各段に増すと思います。

では、これから「いつ、どこを、どう見ればいいか」「そこを見れば、何がわかるか」をお伝えしていきます。実際に試合を見るときのように、なるべく時系列で話を進めていきます。いっしょに野球のマニアックな部分を見ていきましょう！

試合前のウォーミングアップでチームカラーを感じ取る

試合前には「どんなチームなのかな」と、ベンチを観察します。特に誰を見るとか、どこを見るとかではなく、ボヤッと全体を見る。戦うモードに入っているのか、リラックスしたムードなのか。団体行動なのか個人行動なのか……など、チームに漂っている雰囲気や空気感を見ます。

ユニフォームの着こなしにも目がいきます。言葉ではうまく説明できないのですが、着こなしを見ると、そのチームのレベルがわかります。

身近なことにたとえると、毎年4月ごろにスーツを着て街を歩いている若い人を見たら、「あ、この人は新入社員だな」と、なんとなくわかりますよね？　それと同じかもしれません。

帽子の被りかた、ユニフォームのシャツのたるみ、ストッキングの履きかた……。それが統一されているのか、バラバラなのか。試合に役立つかどうかはわかりませんが、何か感じるものがあります。

それから、選手はどこを向いているかを見ます。監督のほうを向いて指示を待っているのか、自分たちが対戦する相手を見ているのか。きっちり分類できるわけではありませんが、前者の場合は監督が選手をコントロールして動かすチームであることが多い。攻撃はオーソドックスで、監督のパターンになります。セオリーどおりの野球を展開してくることが多いので、対処の仕方がある程度まで決まります。

後者の場合は、選手の自主性を重んじているチーム。充実感が漂っています。自分たちで考えてプレーをすることもあるので、何をしてくるかが読みにくい。「突拍子もないこと、予想外のことを仕掛けてくるかもしれないな」と考えます。

球場でウォーミングアップをするときは、その様子もヒントになります。全員が足並みをそろえてランニングをしているのか、個々でやっているのか。個々でやっているなかにも、目的を持ってやっているのか、なんとなくやっているのか。

キャッチボールでは、ていねいさを見ます。ここもチームカラーが良くも悪くも出るところ。声を出しながらやるのか。全員が横一線になって距離を広げていくのか、個々のペースなのか。いい音で捕っているか。意図のあるボールを投げているか……など。

ここまで見るだけでも、そのチームがやるべきことをどれくらいやっているのか、イメージがつかめる。観察力のウォーミングアップにもなると思います。

試合前のシートノックで「当たり前」のレベルの高さがわかる

試合前のシートノックでプレーを細かく観察すると、そのチームが「やるべきこと」をどれくらいやっているか、どんな習慣づけでやっているのかが把握できます。

たとえば、外野手のバックホームでは、外野手の送球の高さや、カットに入る内野手の動きを見ます。

第1章の冒頭の質問を思い出してください。二死二塁からタイムリーを打って、二塁走者が本塁を狙うシーンです。

二死ですから、二塁走者は打った瞬間にスタートを切る。本塁はクロスプレーになるから、外野手の送球は高い球になるか、ワンバウンドになるか。いずれにしても内野手はカットしない。ということは、打者走者は「カットマンに捕られるかもしれない」と考えなくてもいい。無条件で二塁に行けるはず。そうすると二死二塁から1点が入って、さらに二塁から攻撃できる。相手はスタミナが削られていく。二死一塁では、それほどスタミナは削れない。この差が大きい。これが「やるべきこと」の一つです。

ところが、カットはしないにしても、もし外野手が低い球を投げて、カットマンである一塁手のファーストミットのところでボールを通したら？　その一塁手が打者走者をチラッと見たら？　打者走者は二塁を狙いにくくなるかもしれません（打者走者が二塁を狙って、あえてカットさせて自分がアウトになることで、二塁走者の生還を手助けする場合もあります）。

野球IQの高い内野手は、カットはしないのに、このプレーをして打者走者の足を止めます。相手は、それが当たり前にできるチームなのか。それとも、内野手は外野手が投げるときは両手を挙げて「ここだよ」とやって、投げたら下げてしまうのか。また、外野手はどの高さに、どれくらい速い送球ができるのか。シートノックで、そこを確認します。

バックホームだけではなく、三塁への送球も、同じように見なければなりません。

バックホームのプレーを、試合中の外野手の視点で考えてみましょう。もちろんノーバウンドで送球したほうが早く届きます。ただ、リスクを冒してノーバウンドで投げる勝負の場面なのか、「まだ勝負じゃない」と判断して、カットマンのグラブのところへ低い球を投げるのか？　同じ二死二塁でも、イニング、点差、打順、代打が出る可能性などを把握して、準備しておかなければなりません。

もう一つ、シートノックで当たり前のレベルを見る視点が、内野手のダブルプレーです。

たとえば「6―4―3」。遊撃手、二塁手は自分が投げてから、一塁手が捕るまでプレーを見ているかどうか。シートノックで最後まで仲間のプレーを見る習慣ができていれば、試合でもおそらく最後まで見る。つまり、次の動きの準備はできているということです。二塁手が落球する、二塁手の送球が逸れるなど、何かが起きてもすぐに対応できます。

自分がカッコよく投げたら、それで終わり。すぐにボールに背を向けて、順番待ちの列の後ろに回る。そういうチームは、やるべきことができていない。当たり前のレベルが低い。何かが起きても、すぐには対応できない。試合中にスキが生まれることが多いので、そこを逃さないように、狙っておきます。

「3―6―1」のプレーも同様です。なかには一塁手は二塁へ投げたらプレーを終え、順番を待っている選手が一塁ベースに入るチームもあります。

P59の「投手あるある④投手が一塁ベースカバーに入るプレーでミスが起こる」でお伝えしたように、投手のベースカバーは難しいプレー。一塁手がベースに戻るほうがいい。ただし、一塁手がベースに入り、二塁方向を振り返りながら送球を捕るのも難しい。練習でそれをやっていないと、試合でもできないでしょう。一塁手が自分で戻れないのなら、投手に「任せた！」と言って、自分はすぐにバックアップに回らないといけない。その習慣づけができていないと、やはり何かが起きたときに対応が遅れます。

常にボールから目を離さない。仲間のプレーに背を向けない。これは当たり前にやるべきことです。「シートノックだから、いいや」はダメ。いざとなったときに、あわててしまいます。試合では、ボールが投手に戻るまでは何が起こるかわからない。一塁で「アウト！」となっても、投手への返球が逸れるかもしれない。それに備えて、三塁手がバックアップしなければなりません。

ほかにも、送球を捕ったあとにタッグまでキッチリやるなど、一つひとつのプレーを試合のようにやっているかどうかは、そのチームの当たり前のレベルを計る重要なポイント。練習からやるべきことをやっているのは、負けにくいチームです。

シートノックから駆け引きが始まっている

シートノックでは、事前に分析した相手の守備力と、自分の目で見た守備力を比較します。分析した時点では、「噂」のようなものに過ぎない。そのイメージと実像に、どれぐらいの差があるのか。実像がイメージ以下なら、思い込みを消していく。実像がイメージ以上なら、そこに合わせます。

データのない相手であれば、チーム全員が責任を持って見て、監督と確認し合う。「センターの肩は強いね、見てた？」「はい、見てました。ライトはちょっと守備が苦手そうですね」

「ライトは控えの選手のほうが守備がよかったですね。守備固めかもしれません」というように。それらの情報は、ベースコーチにもインプットされます。

アマチュア野球の場合、チーム名だけで優劣をつけてしまいがちです。「○○高校は名門だから、守備がうまい」と。名門チームの伝統には重みがあります。でも、必ずしもそれが実際のチーム力とは限りません。自分の肌で感じて、判断しなければなりません。

シートノックには、相手との駆け引きもあります。

監督やベースコーチとしては、相手の野手がどんな送球をするのかをチェックしたい。ケガをしている選手がいるかどうか、送球が苦手な選手がいるかどうかも探します。相手はそれがわかっているので、そういうプレーを隠すのです。

たとえば、肩を痛めている選手や送球に難がある選手は、わざとエラーをして、投げなくても仕方ないシチュエーションをつくる。肩に自信がある選手が、あえてそれを見せないためにミスすることもあるかもしれません。

反対に、守備に自信のあるチームは、うまくプレーできるようなところへノックを打つ。シートノックで守備力を見せつけるのです。そうすれば、相手の走塁や作戦の抑止力になることがあります。「あのセンターは肩が強いから、二塁からヒット1本では還れないな」「あのライトはゴロを捕るのがうまくて、送球も正確だから、一塁からエンドランで一気に三塁を狙うのは無理かもしれないな」というように。

相手のノックを見て「やっぱり守備が上手だな」「レベルが高いな」などと飲まれてしまうと、それだけで「勝負のシーソー」の支点が中央から相手に有利に動いてしまいます。監督としては、あえて選手には相手のシートノックを見せないこともあります。

シートノックは試合のための準備。グラウンドの状態をきちんと把握するのも大事です。風の向きと強さ。太陽の位置とまぶしさ。ゴロの転がりかた。打球の弾みかた。ワンバウンドしたあとの切れかた。水を含んでいるかどうか。フェンスの形状とクッションボールの跳ね返り。ウォーニングゾーンからフェンスまでの距離など。ノッカーにも、選手がそれらの点を確認できるような打球を打つ力量が求められます。

特に外野手は、芝で打球がどんな切れかたをするか、把握しておくべきです。たとえばセンターを守っていて、右中間へ低いライナー性の打球が飛んできた。ワンバウンドした打球が「こう来るだろうな」と思っても、そのとおりには来ないことがあります。追いついたと思ったのに抜かれてしまう。あるいは自分が行き過ぎてしまう……というプレーは、準備不足が原因です。自分たちがやるべきことを怠ったら、相手にポイントが入ります。

もちろん、相手がそういう確認をしているチームかどうかも、シートノックを見ていればわかります。自分たちのノック時間では確認できなかったことが相手に起きて、確認できることもあります。相手のシートノックには、ヒントがたくさんあるのです。

一塁の守備力は？

一塁手の守備には、実は難しいプレーが多い。前述の「3―6―3」や、一、二塁間のゴロ（P59「投手あるある④投手が一塁ベースカバーに入るプレーでミスが起こる」を参照）のほかにも、走者一塁の場面での一塁ベース付近へのゴロは、難しい守備になることがあります。

走者が一塁手の近くにとどまっているとき、先に走者にタッチしてから一塁ベースを踏めば、ダブルプレーが成立します。先にベースを踏んだ場合は、二塁はフォースプレーではなくなるので、一塁走者にタッチしなければ2つめのアウトは取れません。そのとき、一塁手が一塁ベースを踏んでから、一塁走者が二塁へ走っていないのに二塁へ投げてしまう。一塁走者が戻ってきて、結局アウトを1つ取っただけで、走者が一塁に残ってしまう――というミスが起こりがちです。

守備機会を考えると、一塁手が絡んでアウトにするプレーは、1試合の27個のアウトのうち、半分くらいを占めるのではないでしょうか。投手からのけん制球なども含めて、ボールに触る機会は投手、捕手の次に多くなるはずです。

にもかかわらず、守備があまり得意でない選手や、本職は捕手など別のポジションという不慣れな選手が、一塁を守っているケースがあります。控え捕手だけど、打撃を生かすために、とりあえず一塁へ……というように。

そこで、シートノックでは一塁手の守備を観察します。守備がうまいかどうか。送球が正確かどうか。慣れているかどうか。それが走塁に生きることがあります。

たとえば、送球が苦手な一塁手であれば、「もし一塁走者がけん制で飛び出したら、止まらずに二塁へ走り切れ」と指示を出すこともあります。ランダウンプレーになるとアウトになる可能性が高い。でも、けん制を捕った一塁手が二塁へ投げようとすると、どうしても走者と重なる。「走者に当ててはいけない」と慎重になりすぎて送球が遅れたり、逸れたり、やっぱり走者に当ててしまったり……というミスが起こって、二塁に進める可能性があるからです。

長身の左利きの選手は一塁守備に慣れていて、守備がうまいことが多いですね。一塁手の守備がうまいと、チーム全体の守備が締まります。一塁手の守備を軽んじると、一塁手の守備に泣くことになるかもしれません。

ブルペンには情報が転がっている

試合前のシートノック中には、ブルペンも観察します（ブルペンがファウルグラウンドにある球場に限ります）。先発投手の投球練習を見て、球質や球種の「噂」と、実像の差を詰めていく。前述のシートノックと同じです。

「球は速いけど、噂どおり、ちょっと荒れているな」「コントロールは思ったよりいいぞ」「球種はカーブ、スライダーとチェンジアップだと聞いていたけど、沈む球もあるな」など。

不思議なことに、相手投手については、調子が悪そうには見えない。むしろ、「調子良さそうだな……」と見えてしまう。それに対して、自分のチームの先発投手は「大丈夫かな?」と心配になります。なので、私は自分のチームのブルペンはなるべく見ないで、投手コーチに任せるようにしていました。

試合が始まってからは、救援投手を観察します。何回から準備を始めたか。どれくらい仕上がっているか。もちろん、「噂」と実像の差を埋めます。

大学や社会人の場合、翌日の試合で登板する予定の投手が調整することもあります。「キャッチボールのあと、立ち投げはしたけど、捕手を座らせなかった」「あれ？　もう上がったぞ」など、チームによってブルペンのパターンがあります。そこから翌日の先発投手が読めることもあります。

また、負けているチームが終盤にブルペンでエースに準備させることがあります。これは、「エースを投入する＝負けられないんだぞ」という監督のメッセージです。

勝っているチームは、相手に空気を変えられないように準備しなければなりません。

相手のブルペンの動きによって、攻撃陣の準備の仕方、切り札の使いかたが決まってくる。早上がりした投手のために代打のカードを取っておく必要はありません。次に出てくる投手がわかれば、対策を練ったり、準備を早めたりできます。試合で打つ手が遅れないようにするには、ブルペンからの情報が不可欠です。

盗塁は0・1秒で成否がわかれる

イニング間の投球練習では、最後の1球で捕手が二塁へ送球します。初回から、必ず捕手の送球の速さ、正確さを見ます。プレイボールの直前に、盗塁をめぐる攻防が始まっています。

投手がセットポジションからクイックで投げる。捕手が捕って、二塁へ投げる。二塁ベースに入った内野手が捕る――ここまでの秒数をストップウォッチで計測します。

クイックでの投球が捕手のミットに届くまでが、1・2秒前後。1・2秒未満なら、クイックは及第点です。捕手が捕ってから送球が二塁に届くまでが2秒前後。1・9秒を下回ると「強肩」と呼ばれます。これに内野手が捕ってからタッグまでの時間として0・2秒がプラスされ、合計は3・4秒前後になります。

一方、一塁走者がスタートを切り、二塁に滑り込むまでのタイムが3・5秒前後です。計算上、盗塁はアウトになるように思えます。しかし、実際はそう単純ではありません。守備側からすると、ミスが起こる可能性があります。投手の制球ミス、捕手の捕球ミス、ボールの握り損ね、送球ミス。内野手の捕球ミス、タッグミス。捕手の送球が少し逸れただけで、セーフになる可能性が高い。また、投手が投げた球種が変化球なら、その分だけ時間がかかります。

攻撃側からすると、走者がいいスタートが切れるかどうか。右投手の場合、左足が上がってからスタートを切りますが、クセがわかっていれば、それよりも早くスタートできる。捕手が構えで球種のヒントを与えてくれる場合もあります。変化球であれば、球速も遅くなるし、ワンバウンドになる可能性もある。成功の確率が上がります（詳細はP134の「一塁コーチャーズボックスは投手のけん制を見る特等席」を参照ください）。

反対に、けん制のうまい右投手や左投手の場合は、スタートが遅れる可能性もあります。しかし、打者が振り遅れ気味の空振りで援護してくれることもあるし、わざとファウルを打って、仕切り直しのチャンスをつくってくれることもあります。

走者は0・1秒で約70センチ進みます。この0・1秒で、盗塁がアウトになるか、セーフになるかが決まる。盗塁成功は走者と一塁ベースコーチと打者の共同作業。盗塁阻止は投手と捕手と内野手の共同作業なのです。

一番打者は初回の打席で名刺を渡せ！

初回の攻撃で一番打者がどんなスイングをするかは、打線の物差しになります。

球審の「プレイ！」の声がかかった直後に初球からスイングする。それがファウルでも空振りでも、自分のスイングができていたら「お、やるな！」と思います。「一番打者は球数を投げさせたほうがいい」という考えかたもありますが、やはり初球が大事です。

監督時代、私は先頭打者が打席に入るときには「相手チームに名刺を渡してこい！」と言って背中を押していました。「NTT東日本の○○です」と、名刺代わりの一振りをする。それも一番打者の大事な仕事です。

最初の打席で中途半端なスイングをしたらダメ。チームの物差しとしては使えないからです。いつものスイングなら、「よし、タイミングが合っているぞ」「あれ？　あのスイングで、ちょっと刺されているのか」などとわかります。

初回の攻撃が終わるまでに把握したいのは、相手が右投手なら右打者の内角に、左投手なら左打者の内角に、どれくらい投げてくるのか、ということです。

ストレートはもちろん、チェンジアップなどの変化球が右対右、左対左で使えるのか。そこに投げてくる場合は、打者の対応が難しくなる。監督として、早めに代打のカードを切ることを考えます。

狙い球を絞る根拠を探せ

打者目線で投手を見ると、狙い球を絞る根拠が得られることがあります。いくつかポイントを挙げてみましょう。

①腕の振り

ストレートを投げるときと、変化球を投げるときで違う。変化球のときに緩む。リリースのポイントやタイミングが違う。腕の角度が変わるなど。ストレートも変化球も同じ腕の振りで投げる投手は、攻略しにくい投手です。

②捕手のサインへの頷きかた

「大きく頷いたら、真っすぐ」「首を振ったあとは、得意球のスライダー」など。

③ボールを持つ手やグラブの位置

ボールの握り。グラブへの手の入れ方や手の角度。グラブの高さ。グラフの膨らみかた。「ストレートのときは、ボールを持つ手とグラブが離れている」「グラブに手が深く入っていたら、フォークボール」など。

④配球の傾向

初球は何で入ってくる割合が多いか。投手有利のカウント、打者有利のカウントで何を投げてくるか。同じ球種は何球まで続くか。インコースへは投げてくるか、投げてくるとしたら何球続くかなど。

守備側としては、「タイミングが合った打球が続く」「特定の球種だけタイミングが合っている」「変化球を簡単に見逃される」というときは、「投手のクセや配球の傾向がバレているかも？」と疑って、早めに対処します。特に捕手は「あれ？　おかしいな」という違和感を大切にしなければなりません。

球種やコースがバレる原因が、野手のシフトにある場合もあります。

野手がそこに動くということは、打者にヒントを与えているということ。「左へ動いた。インコースだな」「右に寄っている。外角の変化球だな」とわかれば、打てる確率が上がります。内野手だけではなく、外野手も同じ。「外野が動いても、わからないだろう」と思っても、見ている人は見ています。

それを防ぐには、あからさまに動くのではなくて、何となくそこにいるようにする。早く動き出すのではなくて、スプリットステップ（両足が地面から浮き上がる程度に軽くジャンプして、インパクトの瞬間が着地直前となるステップ）を踏んで、スタートを切る。動く方向に体重をかけて、1歩目を踏み出す。「0・1秒で約70センチ進む」と考えれば、それだけで守備範囲は広がります。

監督の指示が絵に描いた餅になっていないか

狙い球を絞る根拠が見つかったとしても、「外のスライダーを狙え」といった指示を出すには、それを裏付ける練習が前提です。つまり、「外角のスライダーを狙って打つ」という引き出しをつくってあるかどうか。

狙うコースや球種の指示が的確だったとしても、実行できなければ「絵に描いた餅」でしかありません。

たとえば「スライダーを狙って打て」と指示するには、どんな準備をすればいいか。

第一段階としては、投手にスライダーだけを投げてもらって（もしくはマシンをスライダーに設定して）、打つ練習をする。

次に、ストレートとスライダーをミックスで投げてもらい、スライダーだけを選んで打つ練習をする。

そして、「内角のボールゾーンから入ってくるスライダーと、外角のストライクからボールになるスライダーは見逃す。内角から真ん中、あるいは真ん中から外角へ曲がる甘いスライダーを打つ」という練習をします。

そこまで仕上げて、はじめて試合でスライダーをフルスイングできます。

スライダーを狙うつもりが、別の球を打ってしまった。そこで監督が「スライダーを打てって言っただろ!」と怒るのは筋違い。「指示は絵に描いた餅でした」と白状しているようなものです。

1試合で全員が300回のアクションを起こしているか?

監督やベースコーチは、野手の準備の仕方とスタートの切りかたを観察しておく必要があります。グラウンド全体を俯瞰して、1球ごとに選手の動きを見ます。

私が監督を務めていた頃、選手に「1試合トータルで、球数は約300球。攻撃で150回、守備で150回。300回のアクションを起こせるチームになってほしい」とよく言っていました。

攻撃でいえば、1球ごとにベンチが反応する。「いいスイングだ!」「2球続けて高めに浮いたよ」など、ベンチから声が出る。試合に入り込んでいない選手が一人もいない状態です。

守備でいえば、グラウンドを俯瞰して見たとき、バックで守っている7人の野手全員が1球ずつ、打者のスイングに吸い込まれるようにスタートを切る。打球が飛んでから、目で追ってスタートするのでは遅い。スイングと同時に動いていく。内野手はインパクトの瞬間にタイミングを合わせて、スプリットステップをする。外野手は打球が来そうな方向へ向かって、スッと1歩目を動き出す。

やみくもに動き出すのとは違います。そこには、根拠も必要。「このバッターは、前の打席はどうだったか」という情報も含めて、わかっているかどうか。

外野手までそれができているチームは、かなり手ごわい。たとえば、左翼を守っているとします。左打者が、それまでの2打席とも引っ張ったライトフライだった。レフトへ飛んでくる確率は低いから、左中間寄りの打球に備えておこう――となるはずです。捕手からポジショニングの指示があるかもしれませんが、「OK、こっちだよね」と動ける。捕手から「左中間に寄れ」と指示されて動いているのとは、大違いです。

根拠のある準備ができていて、しかもスイングに吸い込まれるようにスタートする外野手なら、すぐにトップスピードに乗れる。守備範囲が3、4メートルは広くなります。「抜けた」と思った打球に追いつくかもしれない。反対に、準備ができておらず、打球が飛んでからスタートする外野手なら、「捕られる」と思った打球でも抜けていくかもしれません。

1試合は約2時間半から3時間。その間に、たかだか300球です。その300回、プレーしている選手だけではなく、ベンチで控えている選手も合わせて、一人ひとりが必要なアクションを起こす。それが当たり前にできるのが、負けにくいチームです。

外野手の浅い守備位置にはプライドが隠されている

外野手の守備位置は、イニング、点差や打順、走者などの状況によって変わります。「走者一塁で打者が四番」など長打を警戒する場面では後ろに下がる。「二死二塁」などワンヒットで走者を本塁へ還したくない場面では、前に出ます。

1試合のうち、どれだけ頭を越される打球が飛んでくるか？　外野手の後ろへの打球は、打者が打ってから地面に落ちるまでの間に、ある程度の秒数がかかります。それを計算に入れれば、それほど後ろを守る必要はありません。

外野手としては、後ろに守って、前への打球へのスタートを意識しているほうが楽です。しかし、投手としては、外野手の頭を越される打球は「仕方ない」と思えますが、外野手の前に落ちると「打ち取ったと思ったのに……」と落胆します。だから、後ろに守るよりも、前に守ってほしいものです。

浅めに守っている外野手を見ると、「『後ろの打球は捕ってやるから』とプライドを持っているんだな」と感じます。

ベンチとバッテリー、守備陣の意思疎通ができているか？

守備のシフトでは、バッテリーがどんな意図でこの打者と対峙しているのかを、ベンチ、バックを守っている内野手、外野手の全員がわかって動いていることが大事です。

たとえば、バッテリーが右打者に対して「このバッターには引っ張らせない」と外角中心の攻めかたを選択しているなら、内野手も外野手も中堅から右寄りに動かないといけない。「コイツは強打者だから」という印象だけで左翼手が守備位置を下げたり、遊撃手が三遊間を締めたりすると、バッテリーの意図とは違うので、安打になる確率が上がってしまいます。

ベンチが「もっと右へ寄れ！」といった指示をする場合もあるでしょう。打者が打席に入るタイミングで指示がサッと伝わり、守っている全員が連動して動けているかどうか。できていると、「お、いいチームだな」となります。

さらに、状況の共通認識も必要です。二死二塁。「この1点が勝負」という走者なのか、同点まではOKなのか。ベンチとバッテリー、守っている選手の考えが一致していないと、守備がチグハグになってしまいます。

勝負するのか、しないのか。勝負だったら、外野手を前に出す。ということは、バッテリーの配球も「高めはダメ。低めを打たせる」となる。さらに投手が低めに投げられる球は何か。今日はスライダーが高めに浮いているなら、別の球種を選ぶ……そうやってドンドンつながって、1つの物語になればいいですね。相手の読みが上回ることもあるから、計算どおりにいくとは限らない。結果的に打たれる可能性もありますが、やるべきことをやった結果なら、仕方ありません。

1つの物語になっていないチームや、監督が一人で「おい、外野。こっちだ！」「ピッチャー、高めはダメだぞ」と指示して動かしているチームは、「勝負のシーソー」で相手にポイントを与えてしまう可能性が高いと思います。

最近、ベンチの指示を待っている選手が多いように感じます。どの年代のチームでも、大会に向けての土台づくりが必要。監督は何も指示せず、「自分たちでシフトを考えて守りなさい」という時期がないといけないと思います。

守備シフトを考える時間は短い。練習から短時間で考えなければ、試合でできるはずがありません。たとえば、試合形式のノックで「7回裏、1対0。一死二塁で九番打者」という条件を設定する。守備シフトが整うのを待ってノックを打つのではなく、選手がパッと考えて、サッと動く。試合ではじっくり考えて、「これでいいんだっけ？　よし、OK」なんてやっているヒマはないんですから。

自分たちで考えて、やってみて、評価して、次に生かす。このPDCA（PLAN―DO―CHECK―ACTION）サイクルを回していくのがいいチームです。

ボールから目を離していないか？

「ボールから目を離さない」は、P16の「やるべきこと」の筆頭に挙げました。「やるべき」というよりも、習慣になっていて当たり前と言える、基本中の基本です。

しかし、試合中の選手を注意深く観察していると、できていない選手が意外に多いと気づきます。

特に顕著なのが、打者走者。**一塁ベースを駆け抜けたあと、どこを見ているか**に注目してみてください。

たとえば、遊ゴロを打った打者走者が一塁を駆け抜けた。すぐに振り返ってボールの行方を確認する選手は、一塁手が送球を後逸していたら、瞬時に反応して二塁を狙います。しかし、ボールの行方を見ていない選手は気づかず、二塁へ向かうのが遅れる。これは、やってはいけないこと。勝負のシーソーで相手にポイントを与えてしまいます。

ヒットを打った選手が一塁をオーバーランする。ボールから目を離さない選手は、外野手の捕球ミスや返球の乱れを逃さす、そのまま「動」から「動」のスタートで二塁を狙います。ボールから目を離している選手は、オーバーランしても、すぐに一塁へ戻る。二塁へ行かない前提のオーバーラン。一塁ベースコーチの指示で相手のミスに気づいたときには、もう遅い。いったん止まったところからでは、二塁へ行けない。行ってもアウトになってしまいます。これも、やってはいけないことをやって、相手にポイントを与えることになります。

ヒットを打ったあと、ボールから目を離して一塁ベース上でベンチへ向かってガッツポーズをしている選手が、なんと多いことか。野球ＩＱを磨く以前の問題です。

もちろん喜んでもいい。でも、それはボールが投手に戻ってから。そこで初めてリセットして、ベンチに向かって感情を表現する。サインを見始める。そうじゃないと、スキにつながります。大したことではいように思えるかもしれませんが、実は大したことなのです。

バックアップはできているか？

守備側のチームが、どうバックアップに動いているか。打球のバックアップ。送球のバックアップ。返球のバックアップ。負けにくいチームほど、各選手が1つのボールに集中して、しっかり動いている。目立たないプレーですが、やるべきことです。

誰が、どこをバックアップするか。セオリーはあります。でも、みんながそのとおりに動くとは限らない。決めつけてはいけません。

たとえば、二死満塁で中前へ適時打を打たれた。投手は本塁のバックアップに走った。しかし、中堅手は三塁へ投げた。この送球が逸れたが、誰もバックアップしていない。ボールが転々とする間に、一塁走者まで還してしまった……ということもありえます。

ボールとプレーを見ながら、どこに入るかを瞬時に判断する。パターンで動いてはダメ。予測しつつ、目の前で起きているプレーに対応する。野球IQの高いチームは、それができます。

走者がいるとき、捕手から投手への返球に対して、二塁手、遊撃手が備える。投手が一塁へけん制球を投げたあと、三塁手が返球に備える。

「そんなミス、あるわけない」と思うかもしれません。1試合のうち、返球のミスは1回あるかないか。1球ごとにバックアップするのは、大変なことです。高校野球の夏の大会など、暑さと疲労で動きたくない、動けないこともある。でも「まあ、いいか」はダメです。

100回行っていて何も起きなかったのに、101回目でそのミスが起きたら？　それが大事な試合の大事な場面だったら？　その1点で負けてしまったら？　人生で1回しかないことが起きて、一生後悔するかもしれません。

ミスの可能性は0パーセントではない。1%、いや0・1%でも起きるかもしれない。だから、バックアップに行く。特に二遊間は、それができるだけのスタミナをつけるのも役割の一つです。

「ダブルエラーはダメだよ!」。それは、誰もがわかっている。問題は、なぜ起きたのか。そのために何をするのか。

マニュアル化、パターン化して覚えるのではなく、実戦練習をたくさんするべきです。そのなかで、あえてボールをスルーしてみる。それでバックアップがいるかどうか。エラーからバックアップを学ぶことができます。

野球にエラーはつきもの。1つは仕方ない。でも、バックアップがきちんとできていれば、ダブルエラーは防げます。バックアップを怠ってダブルエラーをしてしまうと、勝負のシーソーはガタンと相手側に傾きます。

1打席目で各打者の特徴を把握する

相手打線の各打者の特徴は、できれば1打席目で把握したい。その役割を担うのは捕手です。遅くても2打席目までにこの観察を終わらせておかないと、勝負どころが来てしまいます。

高めが強いかのか、低めが強いのか。内角が強いのか、外角が強いのか。構え、グリップの位置、バットの軌道などを観察します。

たとえばオープンスタンスの打者。内角球が苦手だからそう構えているのか、内角球を待っているからそう構えているのか。クローズドスタンドの場合も、外角が苦手な場合もあれば、狙っている場合もあります。1球振らせてみて、スイングの軌道や打球方向から探ります。

グリップの位置は、苦手なコースや球種を判断する材料になります。傾向として、グリップを捕手方向に引いている打者は内角が苦手。グリップの位置が低い打者は高めが苦手です。バットの軌道は、アウトサイドイン（いわゆるドアスイング）なら、内角のストレートが苦手。豪快にすくい上げるように打つ打者は、高めが苦手です。

投手には「高めに投げるな！」と言いますが、一方で打者にも「高めは打つな！」と言います。不思議ですね。

ストライクゾーンの高めは、打者が振り慣れているので、スイングのズレが少ない。だから、投手は「投げるな」と言われる。一方で、打者は高めを打つとポップフライになりやすいから、「打つな」と言われるのだと思います。

だからといって、「低めに投げておけばＯＫ」とは言い切れません。豪快にすくい上げる打者はローボールヒッターが多いので、低めは危ない球になってしまいます。

試合を見ていると、追い込んだらボール球（いわゆるつり球）を要求する捕手を見かけます。それぐらい気配りしないと打ち取れない打者で、目線をいろんなところに広げさせたいなら必要かもしれません。しかし、一番から九番まで、１回から９回まで、同じようにパターンとしてやるのはどうか。「３球勝負で打たれたら、監督に怒られるんだろうな」と思いながら見てしまいます。

打者のタイプを見極める

打者が投手を攻略しようとするとき、大きく分類すると待ちかたのタイプが４つあります。

①コースを狙って打つ……内角を打つのか、外角を打つのかを決めている
②球種を狙って打つ……ストレートを打つのか、変化球を打つのかを決めている
③打つ方向を決めて打つ……引っ張るか、センター返しか、流し打ちかを決めている
④来た球を打つ……配球を考えてもムダ

追い込まれてからは「ストレートを待ちながら、変化球に対応する」というタイプがほとんどです。「追い込まれたら、変化球は拾って打って、外野の前に落とせればいい」と考えています。2ストライクからは変化球を投げておけば、大ケガはしません。

まれに「変化球を待ちながら、ストレートに対応する」というタイプがいます。「そんなこと、無理でしょ?」と思うかもしれませんが、訓練次第では、ストレートの球速が130キロ台後半から140キロ台前半までなら、対応できるようになるかもしれません。

主軸打者は、「ここは長打を打ってくれ」と期待される場面があります。追い込まれたら、相手投手のウイニングショットにも対応しないといけない。そこで変化球を拾って打っていると、長打になりません。強いスイングをするために、変化球に合わせておく。ストレートは、多少振り遅れても、払うようにして打つ。もしも145キロ以上の対応できない球速のストレートが来たら、見逃し三振でも仕方ない。その割り切りが必要です。

「追い込まれたら、変化球に合わせる」という待ち方は、ボールになる変化球で三振が多い打者には有効な考え方でもあります。変化球に合わせているので、ボールになる変化球にはバットが止まるようになります。

「変化球を待っていたら、ストレートには対応できない」という思い込みを捨ててみてはどうでしょうか?

自分の野球観だけで野球をやっていると、壁にぶつかることがあります。自分の野球観を疑い、広げていく。いろいろな人の野球観を聞いてみるのも、選手として必要です。

特に捕手は、自分のチームの選手に「どうやって待っているの?」と訊いてみるといいと思います。自分とは違うタイプがあることを知ることが、捕手としての野球ＩＱを高める第一歩です。

真のキーマンは誰だ?

バッテリーは、試合の序盤で相手打線のキーマンは誰かを探ります。チャンスの場面では、キーマンに打順が回ります（Ｐ47「攻撃あるある⑨チャンスの場面ではその試合のキーマンに打順が回る」)。早めに把握しておかないと、いざ「ここが勝負」という場面でその選手に回ったときに、チームが動揺してしまいます。

アマチュア野球では、相手のデータがほとんどない場合もあります。したがって、試合前の段階では「主軸がキーマン」と予想します。主に一番、三番、四番です。球歴や出身校のカラー、体格なども判断材料になります。

バッテリーは打順が一巡する間に、その予想と実際に対戦した印象の差を埋めていきます。「四番はやっぱりいいスイングするね」なら、彼がそのままキーマンになる。「三番は初球の変化球をフルスイングしてきた。ああいう選手はチャンスの場面でも思い切ったバッティングをしてくるから、要注意だぞ」ということもあるでしょう。

たとえば、捕手が「四番がキーマンだと思っていたけど、実は六番のスイングのほうが怖いな」と感じたとします。監督が「バッターを近くで見ている捕手がそう考えているなら」と任せる。四番とは勝負しても、六番との勝負は避ける。そうやって監督と信頼関係が築ける捕手がいい捕手です。

真のキーマンを決めたら、できるだけ無力化する布石を打ちます。たとえば2打席目くらいまでに内角を攻める。「インコースを意識して、開き始めた」「立ち位置がホームベースから離れ始めた」となれば、しめたもの。大事な場面で回ってきたときに、その布石を生かして打ち取る確率が高まります。

キーマンは誰で、どう対処するのか。チームにそれを浸透させるのも大事です。キーマンを中心に考える。「コイツを意識しないとダメだぞ」というプランが成り立っていきます。キーマン以外でアウトを取りこぼさないことも大事です。

キャッチャーは現場監督

守っている選手のなかで、捕手だけがほかの選手と違う方向を向いて、座っています。内野手も外野手も投手を見ていますが、その先には捕手がいます。

捕手は「現場監督」です。野球IQが高い。冷静沈着。観察力がある。捕手の言葉や行動で、ほかの8人が安心する。試合は捕手次第でどうにでもなるのではないかというくらい、大切なポイントです。

打者の攻めかたを考えるのは、バッテリーの仕事。主に捕手にお任せです。データがあれば、瞬時に頭のなかで整理する。さらに、今日の試合での生データも活用します。

捕手は、打者をいかに迷わせるかを考えます。言いかえると、いかに打者の頭のなかの選択肢を増やすか。頭のなかが10だとして、1つの球種に絞らせるのではなく、分散させる。それも7対3の2択ではなく、4対3対3など3つに分けさせて、考えさせる。分散させればさせるほど、ベストパフォーマンスは出にくくなるはずです。

捕手は1巡目で各打者の特徴を把握しなければなりませんが、相手も2巡目、3巡目で攻め方を変えてくるかもしれません。その変化を敏感に感じ取るアンテナが必要です。ちょっとした違和感のようなものを、見逃してはいけません。

前の打席ではどうだったか。結果だけではなく、プロセスまで覚えていなければダメ。そのときの立ち位置は？　スイングの軌道は？　待ち方は？　前の打席と今は、同じなのか、変わっているのか。それを次の1球までの約20秒間で察知しなければなりません。この20秒の判断で、試合が左右されます。

捕手がアンテナの感度を高めるには、たくさん「失敗」をするしかないと思います。1ヵ所バッティング、紅白戦、練習試合など、実戦で経験を積み重ねる。そのなかで、少しずつ「あ、前の打席と変えてきたな」と感じ取れるようになっていきます。

私が信頼できる捕手の共通点があります。一番大事なのは、黒子に徹すること。「オレを見ろ！」という主役のような派手さや、スタンドプレーはいりません。

一喜一憂しない。試合開始から試合終了まで、常にテンションが安定している。投球を体で止めたり、打球が体に当たったりする可能性が高いポジションですが、球が当たっても、投手のペースを壊したくないから、「大丈夫です！」と言う。

捕手は、私生活が試合に出ます。時間を守る。約束を守る。嘘をつかない。やるべきことをプラスアルファでやる。

練習では、妥協しない。ブルペンで投手に求めるものを「これだ！」と言える。たとえば、直球の次にカーブを投げる。「このカーブが大事なんだぞ。この球がないと、試合で組み立てられない。いい球がくるまでやってみようぜ」と言える。そういう姿が、チーム全員からの信頼感や安心感につながります。

バッテリーは18・44メートルの糸電話でつながっているか?

投手と捕手の息がピッタリ合っているかどうか。

捕手が出したサインに、投手が頷く。その「間」や頷きかたに「阿吽の呼吸」を感じられたら、捕手の出したサインの意図を投手が理解して投げているということです。

サインに何度も首を振ったり、プレートをいったん外したりしていると、「何か合ってないな」と感じます。

バッテリーの息が合うのは捕手の目配り、気配りが行き届いているから。たとえば、ボールに土がついたら、ていねいに払ってから、返球する。あるいは球審にボールの交換を要求する。投手が投げ急いでいたら、一呼吸おいて、落ち着かせる。弱気になっていたら、ミットを拳で叩いて、「ここに投げてこい!」と構える。ボールが続いたら、体を大きく見せて構える。慎重にコースを狙うときは、小さく構える。そんな捕手の姿を見たら、「いい捕手だな」と感じます。

1人の打者に対して、投手と捕手は二人で一つになって勝負を挑みます。肝心なのは、バッテリーが18・44メートルを挟んで、見えない糸電話でつながったように会話をしているかどうか。

「ここは裏をかくぞ」「よし、勝負だな」

「ここは無難にいくぞ」「わかった。じゃあ、ボールでもOKだな」

そんな会話を約20秒の間でして、次の1球を選択する。そこまでやりきっていたら、もし打たれても、「仕方ない」と思えます。

捕手が投手の変化に気づいているか？

捕手が投手の変化にいち早く気づくかどうか。疲労の目安として「100球の壁」と言われますが、球数やイニングに関係なく、異変を察知しなければなりません。

1球でも早く感じ取って、タイムを取ってマウンドに行く。そういう捕手を見ると、「野球IQが高い捕手だな」とわかります。

最近は球速や回転数、回転軸の傾きなどを計測できる機器がありますが、試合ではその数値がわからない。そこで、捕手が計測機器の代わりになります。「あれ？　さっきまでと違うぞ」と変化を察知します。

「同じ攻め方なのに、バッターの反応が違うな」「今まで空振りが取れていたのに、当てられるようになったぞ」「ゴロアウトが多かったのに、フライアウトしかなくなった」「フライをフェンス際まで飛ばされた」「アウトを1つ取るまでの球数が多くかかるようになったな」というのは、「あぶないぞ」のサインです。見逃してはいけません。

二番打者に外野フライを打たれた。三番打者にフェンス際まで飛ばされたものの、外野手が追いついた。危険な兆候を見過ごして「ラッキー、打ち取れた」と甘く考えてしまうと、四番打者にホームランを打たれる。やってはいけないことをして、相手に勝負のシーソーのポイントを与えることになります。

投手が投げる球自体が変化した場合もあれば、相手打線がアジャストし始めた場合もあります。スイングの仕方、打席の立ち方、狙い球が変わった。捕手にはそういうところに気づける観察力が必要です。

捕手でなくても、ベンチに野球IQの高い選手がいたら、「あれ？　フライが増えてない？」「さっきからスライダーばかり打たれてるぞ。狙い球を絞ってきたんじゃない？」などと気づく。それを監督に進言して、「よし、よく気づいたな。ありがとう。伝令を出そう」となったら、超ファインプレーです。

誰が気づいたにせよ、今まで抑えたことではなく、打たれた始めたことを前提にして配球を考え直す。捕手と投手が「今までと同じ配球では、ちょっと危ない。インコースを攻めるのはやめて、アウトコース中心でいくぞ」「スライダーを狙われてるから、見せ球にしよう」といった会話ができるといいですね。

捕手がマウンドに行った。あるいは伝令が出た。そこからガラリと配球が変わる。そうすると、相手打線は「変化に気づいたから、外角中心に変えてきたんだな」と気づく。そうしたら、今度は外角の球を狙って、踏み込んでくるかもしれません。それならば、捕手は踏み込ませないように、また内角を使う……。そういう駆け引きが見えると、野球の奥深さがわかると思います。

イニング間の投球練習で投手の表情に緩みはないか?

イニング間の投球練習では、投手の表情やしぐさを見ます。

ホッとした表情、ニヤニヤした笑顔は「緩み」の表れ。リラックスしているというよりも、リラックスし過ぎている。たとえば「この回は七番、八番、九番だな。OK、OK」と勝手に自分で計算して、油断する。そういう心理が表情に表れる。Ｐ54の「投手あるあある②ピンチで好リリーフした投手がイニングまたぎで打たれる」の状態になっています。

手をブラブラさせたり、首を左右に傾けたりする。今までそんな仕草をしていなかったのに……。それは疲労を感じているからかもしれません。

たとえば、「マウンドに向かうとき、ラインを右足で越える」というルーティンがあるのに、それをしなかった。自分がやるべきと思っていることをないがしろにするのは、集中できていないか、何か別のことを考えているか。さっき味方がチャンスを逃して、気持ちを切り替えられていないのかもしれない。ということは、Ｐ74の「試合展開あるある③ピンチのあとにチャンスあり」が発動する可能性が高い。

次に、球筋。投手が投げた球が高めに抜けたり、引っかけたようなワンバウンドになったりして、捕手が捕れなかった。これまでのイニング間の5球と、この回の5球は明らかに違っている。「いつもどおり」ではなくなってきた。

わずかな変化の兆しを見逃してはいけません。1回から9回まで、イニング間に情報を収集します。自分のチームの投手なら「危ないな」と考えて、次の準備をする。相手チームの投手なら、「つけ込むスキがある」と考えて、攻撃のカードを用意する。走者が塁に出て、ピンチあるいはチャンスを迎えてからでは、打つ手が遅れる可能性があります。

監督があわてると選手は不安になる

ベンチにいる監督やコーチの動きを見ると、そのチームの「今」と「次」がわかります。監督の動きは、チームに大きな影響を与えます。どっしりしていれば安心ですが、せわしなく動いたり、深刻な表情で話したりしていると、不安になります。

投手は特に敏感です。ベンチが動き出すのがイヤ。「あれ、ブルペンに伝令が走っていったぞ。代えられるのかな?」と、不安に思いながら投げる。ブルペンをチラチラ見る……。「いつもどおり」ではなくなります。

相手チームからしても、ベンチがどれくらいあわてているかを見れば、「投手が代わるな」とわかる。このバッターなのか、次のバッターなのか……と、読めます。

代えるつもりがないなら、この「バタバタ」は、やってはいけないこと。投手は見ています。選手やコーチをブルペンへ走らせるにしても、小走りでいくより、ゆっくりジョギングする、あるいは歩いていくほうが、見ている選手は気にならない。不安をあおらなくてすみます。

バタバタしないために、どうするか。**監督は「こうなったら、こうするよ」という試合前のプランを複数用意しておく。最高のAプランから、思うようにいかなかったときにはBプ**

ラン、それでもダメならCプランと、ある程度の幅を持っておく。そうすれば、何かが起きたときに「OK、プランBだね」と、計算どおりに動けます。

すべてが想定内にはいきません。想定の幅はなるべく広く。そうしないと、想定外のことが起きたときにベンチの動きがせわしくなってしまう。ブルペンでも準備ができておらず、リリーフ投手が「え？　この回から行くの？」という感じであわてて投げ始めなければならない。守っている選手もベンチやブルペンがバタバタし始めたのを感じて、「ピンチなんだ」と不安になる。マイナスでしかありません。仮に別プランが用意できていなくても、あわてではダメです。

継投に限らず、「エラーした選手の交代要員がキャッチボールを始める」というのも、心理に影響します。そんなことをされたら、エラーした選手は余計に動揺して、次に飛んできたらまた同じミスをしてしまいます。たとえば、遊撃手が失策した。ベンチで監督が誰かと話している。そうすると「オレのことを何か言ってるんだろうな……」となります。その動きは、試合中には不要です。選手はプレーに集中しないといけないのに、聞こえるはずのないベンチの声を聞こうとしてしまう。集中力がなくなる。思考が分散する。それはやってはいけないこと。選手がベンチに戻ってきてから言えば、それでいいはずです。

監督はどうしても試合に入り込んでしまうので、隣にいる部長先生やコーチが冷静に、一歩引いた目線を持っていると、心強いですね。

ブルペン捕手の役割は投手コーチ

投手の継投には、ブルペン捕手が大切な役割を担っています。ブルペン捕手は、ただの投球練習の相手、いわゆる「カベ」ではありません。

継投する投手の状態はどうか。ウォーミングアップから体の動きを観察する。「いつもどうりだな」「今日はいつもより肩の可動域が狭いんじゃないか」などと把握しておく。ブルペンでの投球練習が始まったら、頭のなかに計測機器を置く。球のスピードや回転数などにいつもとの差があるのか、ないのか。今日はどの球種がいいのか。どの球種が悪いのか。それらを判断しながら、あの手この手でいつもの状態にしてあげる。いわばピッチングコーチの役割があります。

もしかしたら「ストライクがまったく入らない」「今日はマウンドに上がったら打たれそうだ」という日もあるかもしれない。「何か声をかけてもまったく反応がない。周りの声が聞こえなくなるほど緊張している」ということもあるかもしれません。そういう心理的な部分も含めて、投手の状態を監督に進言します。

投手起用を最終的に判断するのは、もちろん監督です。ただ、監督が投手の状態をわかったうえでマウンドに送り出すのと、「マウンドに上がってみたらダメだった」では、次の準備がまったく違います。

指導者が、ブルペン捕手の進言を頼りにして「ありがとうな」と声をかける。たったその一言で、ブルペン捕手は報われます。

チームの決まりごとが徹底されているか？

P16「やるべきこと」のなかに「チームの決まりごと、約束ごとを徹底する」を挙げています。チームで徹底したほうがいい決まりごとには、次のようなものがあります。

①エンドランの決まりごと

エンドランのサインが出たとき、「方向や、ゴロかどうかはともかく、とにかく空振りだけはするな」なのか、「ゴロならOK」なのか、「センターラインへのゴロ（投ゴロや二塁ベース付近のゴロ）はNG」なのか。あるいは「とにかく右方向へ転がせ」なのか。高めのボール球は振るのか、振らないのか。チームによって、いろいろあると思います。私が監督を務めていた当時は、「2ストライクからのエンドランでは、ワンバウンドの空振りはＯＫ」でした（詳細はＰ42を参照してください）。

「ランナーのスタートが良かったときは、どうするのか」まで決めているのは、野球ＩＱが高いチームです。

右打者も左打者も、走者のスタートを周辺視野に入れながら、良し悪しを判断しなければいけない。スタートが良くてセーフになると思っても、確率が99％ならエンドランを続行する。１２０％セーフなら空振りする、もしくは振らない。エンドランだけでなく、盗塁のサインでも「スタートが悪ければ打つ」。送りバントのサインでも「走者がいいスタートを切れた場合はバットを引く」など。

私の亜大時代には「盗塁でスタートが悪ければ、ファウルにする」という決まりごとがありました。私が一番打者で、二番を打っていた井端弘和（野球日本代表トップチームおよびU―15代表監督）は私のスタートが遅れたら、ファウルにしてくれていました。

「バッターから一塁ランナーのスタートが見えるわけない」と言う人が多いのですが、訓練すれば右打者はもちろん、左打者でも「いいスタートだった」「遅かった」とわかるようになります。

打者と走者の連携には、感覚と実際のプレーの差を埋めていく必要があります。誰と誰が絡んでいるのか。誰の足が速いのか……というところまで考えて、チームの決まりごととしてやれば、作戦の成功率がグンと上がります。実戦形式の練習や紅白戦、あるいは練習試合でやってみて、そのプレーを検証します。

たとえばエンドランのサインが出たけど、打者が見逃した。「セーフだと思ったから、打たなかった」とわかれば、「それならOK」となる。打たなくて走者がアウトになったら、映像を見直して、秒数を計る。「あれではアウトになるってことだね」と確認して、感覚を磨いていきます。

すぐにできるわけではない。たくさん失敗して、たくさん検証していくしかありません。

②ランダウンプレーの決まりごと

ランダウンプレーでは、ボールを投げたら、右回りするのか、左回りするのかを統一しておく。右回りする選手と左回りする選手がいると、ミスの原因になります。

③フライを捕る優先順位

野手の間に上がったフライをどっちが捕るか。一、二塁間は一塁手か、二塁手か。三遊間は三塁手か、遊撃手か。二遊間は？　外野と内野は？　基本は後ろ側の選手が捕る。でも、セオリーとは別の決まりごとがあってもいい。たとえば、「ウチのショートはフライが苦手だから、二遊間はセカンドに任せる」など、選手によって微調整します。

そのほか、P43の「攻撃あるある⑥無死二塁からの送りバントで二塁走者が飛び出す」でお伝えした決まりごとや、「スクイズを外されたら、打者はバットを引く。ランナーは戻る」「A選手が塁に出たら、行けたらいつでも盗塁していい。走ったら、打者は打つな」などいろいろ考えられます。

決まりごとを全員で徹底しているから、チーム全員が同じ絵を見て、ノビノビと当たり前のようにプレーしている。そんな姿が見えたら「負けにくいチームだな」と思います。

バントにも駆け引きがある

無死一塁。初球に左打者が送りバントを試みたが、三塁線に転がった打球がファウルになった。これは「なんだよ、バントくらい1球で決めろよ！」という単純なプレーではないかもしれません。

守備側にとって、バントをやらせたほうがいい場面と、簡単にやらせてはいけない場面があります。

前者は、点差を考えてアウトカウントを1つ増やしたほうがいい場面です。アウト1つと引き換えに1つ進塁させてもいい。最小失点でしのげれば十分。盗塁、エンドランでビッグイングにはされたくない。

後者は、走者を二塁に進めたくない場面です。チャンスをつくらせたくない。バッテリーはバントを転がしにくい高めのつり球を投げたり、フォークボールでバットに当たらないようにしたりする。バントシフトを敷いて、二塁でのアウトを狙うこともあるでしょう。

攻撃側としては、初球で確実に決めて、リズム良く攻めたいこともあります。しかし、初球で簡単に送らないほうがいい場面もある。相手投手が制球に苦しんでいるときは、初球で決めると、かえって相手を助けることになる。「自分も生きよう」というセーフティバントを狙って、あえて際どいところに転がして、ファウルになるケースもあります。さらに、わざと失敗して、2球目にサインを変えることもある。その失敗を、次のバスターエンドランの布石にするのです。

バント一つでも、駆け引きがある。痛い失敗なのか、あえての失敗なのか。それを見極めると、次の一手が見えてきます。

一塁コーチャーズボックスは投手のけん制を見る特等席

一塁ベースコーチが、どれくらい走者とコミュニケーションを取れているか。試合に集中しながらも、一歩下がった視点で冷静にグラウンド全体を見渡せているか。そこに、そのチームの走塁の当たり前のレベルが見えます。

一塁ベースコーチの役割は、何でしょうか？　打者走者に一塁を駆け抜けるか、オーバーランするかを指示したり、一塁走者に打球によって「ゴー」「バック」と声をかけたりするだけではありません。

まず大事なのは、**走者に状況を確認させる**ことです。P44の「攻撃あるある⑦大事な局面ほどサインを見ないで打席に入る選手がいる」にもありましたが、大事な局面で緊張したり、周りが見えなくなったりするのは、走者も同じです。

いつもは当たり前に気をつけていることが、できなくなる。サインを見落とす。ライナーで飛び出す……。「やってはいけないこと」をやってしまいます。

そこで、一塁ベースコーチは一塁走者を落ち着かせて、冷静に状況を説明しなければなりません。

今、ボールがどこにあるかを教える。イニング、点差、アウトカウント、走者の状況や、注意すべきことを伝える。「1点リード、1アウト一塁だぞ。大事なランナーだよ。ライナーバック。わかってるよな？」「無理をする場面じゃないぞ。安全にいこう」「サインをよく見ておけよ」と声をかけます。

そのためには、チームの一人ひとりの性格を把握しておく必要があります。緊張するタイプなら、石橋を叩いて渡るように伝える。冷静で、任せても大丈夫なタイプなら、あえてクドクド言う必要はありません。

もう一つ大事なのは、**投手のクセを観察して、チーム内で共有する**こと。

投手が打者に投げるときと、けん制するときでは、どこかに違いがあることが多い。セットポジションに入ってから投げ始めるまでの秒数は、一定かどうか。けん制球は何球まで続く傾向にあるか。「セットに入って、2つ数えたらバッターに投げる」「けん制は2球までしか続けない」といった傾向があると、スタートが早く切れます。

構えに違いはないか。セットに入ったときのグラブの位置、足幅、首の使いかた、左肩の開き具合はどうか。右投手が打者に投げる場合は、セットポジションに入ったあとに足のヒザが折れてから動き始める投手と、手や肩から動き始める投手に分かれます。どちらのタイプかを観察しておけば、より早くスタートが切れます。

捕手の構えで球種がわかることもあります。真ん中低めのボールゾーンに構えていたら、フォークボールなど落ちる変化球の可能性が高い。右打者の内角に構えていたら、ストレート系の球が多い。腰を少し浮かせて、外角に構えている場合は1球外してくる可能性があります。

一塁コーチャーズボックスは、投手のクセを観察する特等席です。それを象徴する試合が2022年の夏の甲子園でありました。

明秀日立高（茨城）対鹿児島実業高（鹿児島）の試合。鹿実のエース左腕・赤崎智哉投手は好投していたうえに、けん制が巧み。明秀日立の走者は、なかなかスタートが切れていませんでした。

0対1で迎えた7回裏。明秀日立は一死一塁から代走に緑川貴香選手を起用します。緑川選手は、それまで一塁ベースコーチを務めていました。九番打者のカウントは1ボール1ストライク。明秀日立の金沢成奉監督はエンドランのサイン。一塁走者の緑川選手が好スタートを切ると、打球は右前へ。これを右翼手がファンブルする間に、緑川選手が一気に生還。同点に追いつきました。

緑川選手は一塁コーチャーズボックスから赤崎投手のクセを見ていたからこそ、好スタートが切れたのです。一塁ベースコーチの役割の重要さをあらためて認識させてくれた、素晴しい走塁でした。

三塁ベースコーチは野球博士

三塁ベースコーチはエースや四番のように目立つことは少ないかもしれません。しかし、勝負どころの判断や指示でチームを勝たせる大事なポジションです。「野球博士」と呼ばれるくらい野球ＩＱが高い選手でなければ務まりません。そういう選手が三塁のコーチャーズボックスにいるかどうかは、試合の流れを読む重要なポイントです。

三塁ベースコーチにとって特に難しいのが、走者二塁で打者がヒットを打ったときの判断です。二塁走者を本塁へ行かせるか、三塁で止めるか。その判断が得点や勝敗に直結します。

判断の目安は「外野手がゴロを捕るのが先か、二塁走者が三塁ベースを踏むのが先か」。外野手がゴロを捕るほうが早ければ、止める。二塁走者がベースを踏むほうが早ければ、回します。

そこに以下の要素も加えて判断します。

・イニング、点差……どうしても1点が欲しい場面か、まだ勝負すべき場面ではないか

・外野手の守備……守備位置は深いか、浅いか。肩の強さや送球の正確さは？
・走者の走力、打順、代打の有無など

相手の外野手の守備力を知るために、試合前のキャッチボールやシートノックを観察しておきます。三塁ベースコーチにとって、欠かせない準備です。

「レフトはゴロを捕ってから投げるまでに時間がかかるな」「センターは、肩は強いけど、コントロールは良くない」「ライトは肩が痛いのかな？　送球が苦手そうだ」などと把握する。スタメンの選手だけではなく、控え選手についても知っておく必要があります。勝負どころで守備固めとして出てくる可能性があるからです。

外野手がゴロを捕るのと、走者がベースを踏むのを同時に見るのは、簡単ではありません。どちらかに集中してはダメ。広い視野で見る練習をしておかないと、緊迫感のある試合でできるはずがありません。

仲間の走力を把握しておくことも、判断力を磨くことにつながります。足が速いかどうかはもちろん、ベースランニングはうまいかどうか。スライディングはどうか？　もっと言えば、三塁を回るときに下を向いて走っていて、ベースコーチを見ない選手もいるかもしれません。選手の性格やクセまで、すべてわかっておく。

打順や打者の打力、今の調子なども把握しておく必要があります。次が四番、キーマンなど打撃が期待できる選手なら、止める。もし、次が打撃絶不調の八番打者なら、リスクを覚悟して回すことも考えられる。でも、控え選手に打撃絶好調の選手がいて、代打の切り札として起用されるなら、止めるべきです。

三塁ベースコーチは責任が重いだけに、「アウトにしてはいけない」と慎重になりすぎてしまうことがあります（P49「攻撃あるある⑪三塁ベースコーチが一度判断ミスをすると消極的になる」）。何の根拠もなく「いけると思った」から回すのはいけませんが、明確な根拠があれば、回してOK。積極的な走塁はチームに勢いを与えます。

ところで、三塁ベースコーチが判断する練習を積んでいるチームは、全国にどれくらいあるのでしょうか？

試合のときに任されるだけのチームもあるのではないかと思います。紅白戦はもちろんですが、ケースバッティングや走者をつけたノックでも練習するべきです。順番を待っている走者がなんとなくやっていませんか？　その選手も勉強になるのでムダとは言いませんが、**ベースコーチはチームの得点のカギを握る、責任が重大な専門職。専門職なりの練習が必要です。**

指導者は、実戦練習では三塁ベースコーチの後ろについて、指導しましょう。

「今は、どういう状況？　アウトの可能性があっても、回す場面？　それとも安全にいく？」

「今は同点の8回です。1アウトですけど、二塁走者の○○はベースランニングもスライディングがうまいので、アウト寄りでも回します」

「次のバッターは、見た？」

「八番の△△です」

「代打に□□がいるぞ」

「そうですね。それなら、アウト寄りなら止めないといけないですね」

そういう会話ができるくらい、指導者が三塁ベースコーチの野球IQを磨き上げていかないといけません。繰り返しますが、それくらい大事なポジションなんです！

そこまでの全部を含めた準備が、「やるべきこと」です。それができていたら、三塁ベースコーチの判断がどんな結果になっても、チーム全員が納得できると思います。

三塁走者はプレッシャーをかけているか？

走者三塁の場面では、三塁走者の動きに注目します。

「少しでもキャッチャーがはじいたら、狙うぞ」とプレッシャーをかけていたら、配球にも影響が出ます。捕手はワンバウンドになる可能性のある球種を排除します。打者は、その分だけ球種が絞れます。走者がプレッシャーをかけていなければ、捕手は「ワンバウンドになっても、後ろへそらなければOK」と考えて球種を選択します。

この場面では、打者がランナーコーチの役割を果たさなければなりません。捕手がはじいた角度によっては、走者からは「どれくらい大きくはじいたのか？」が見えにくいことがあります。自分では判断しにくいので、打者が「来い！」「ストップ！」と指示する。地味ですが、とても大事な役割です。

打者は自分が打つことだけに集中してはいけません。当たり前のプレーを一つひとつ積み重ねることが、得点につながります。

代打は初球が勝負

代打が出てきたら、ファーストストライクから自分のスイングができるかどうかを観察します。

甲子園で解説者として試合を見ていると、自分のスイングで初球をとらえる選手には「すごいな！　こんなに気持ちが高ぶるところでスイングできるだけでもすごいのに、アジャストしてしまうなんて」と感心します。

打者、特に代打にとっては、初球が大事です。そこで自分のスイングができる選手は、日ごろの練習でそれだけの準備を積み重ねてきたということ。イメージと誤差なく球をとらえる訓練をしているので、手ごわい。バッテリーは注意が必要です。

代走には目に見えない働きもある

試合を見ていて代走が出てきたら、どう考えますか？　「いつ走るんだろう」と、固唾をのんで見守るのではないでしょうか。

実は、**代走には「絶対に走れ！」という盗塁を決めるための代走と、盗塁はしなくても相手にプレッシャーをかけるための代走がいます。**

捕手は、代走の脚力はどうか、スタートはどうかをチェックしています。走ってくる気配があるかどうかで、配球が変わります。

そこで、代走はたとえ盗塁をしなくても、リードを大きく取ったり、偽装スタートをしたりする。「いくぞ、いくぞ」と、プレッシャーをかけます。

バッテリーにプレッシャーがかかればかかるほど、外角のストレート系の球が来る確率が上がります。打者は追い込まれるまでは、遅い変化球を頭から消せる。たとえば、相手投手の持ち球がストレート、カーブ、スライダー、チェンジアップなら、カーブとチェンジアップは捨てて、ストレートとスライダーに絞れます。コースも外寄りに絞れます。

さらに、相手投手は神経を使うことで、スタミナを消耗します。内野陣は簡単にはアウトにできないので、焦る。その焦りがエラーを誘います。

出番はあっと言う間に終わった。盗塁はしなかったけど、打者がストレート系の球を狙い打つことができた。実は、それがすごいことなのです。そういう目には見えない役割を果たした代走がベンチに帰ってきたとき、仲間たちが「いい仕事をした！」と迎え入れられるチームは野球IQが高くて、いいチームです。ベンチのそんなシーンを見ると、思わず微笑ましくなりますね。

最終回の相手ベンチは？

「試合展開あるある②」に、「最終回は簡単には終わらない」があったのを覚えていますか？

ベンチの何気ない行動、しぐさ、表情に、心理が表れていることがあります。

たとえば、9回に0対3で負けているとします。相手ベンチを見ると、今までウインドブレーカーを着ていたのに、脱ぎ始めた。それは「勝った」と思ってしまっている油断の表れです。

NTT東日本では、ウインドブレーカーはゲームセットになった瞬間に脱いでベンチを出て行くのが当たり前でした。3対0で、9回二死走者なし。そのまま勝てればいいのですが、油断したら、負けることもある。打つ手が一歩遅れてしまうからです。

勝っているチームがそれまでは必死な顔でやっていたのに、もう笑顔になっている。あるいは、負けているチームが、もう泣いている。勝ち、負けを意識した瞬間から変わってしまいます。

「27個目のアウトを取るのが一番難しい」とわかっているかどうか。試合開始から試合終了まで同じ状態を保っているかどうか。9回のベンチにも、そのチームの当たり前のレベルが表れます。

試合後のコメントにリスペクトがあるか?

試合後の監督のコメントでは、特に敗れたときに指導者の資質が問われると考えています。

「負けたのは悔しいけど、やることはやった。相手が上回った」という、相手をリスペクトした終わりかたをしてほしいですね。

負けたチームやミスをした選手を批判するようなコメントは聞きたくありません。「弱いですね」「あのミスが痛かった」「まったく、アイツは何を考えてるんでしょうね。もう使わないですよ」……。マスコミをとおして奮起を促しているのかもしれない。同じミスを5回目、6回目と繰り返したのかもしれない。でも、指導したのは監督自身のはず。「私の指導不足です」「まだあのような場面では酷だったかもしれません。選手に悪いことをしました」。まずそういうことを考えてほしい。プロはともかく、アマチュア野球の監督に限っては、「一生けん命に練習した選手。結果を責めるつもりはありません」と、選手をリスペクトする発言をしてほしいと思います。

選手のコメントには、監督へのリスペクトは必要ない。「監督のおかげです」「監督に感謝したい」。私は監督としてそんな発言を期待したことはありません。

そんなに立派なことを言わなくてもいい。感じたことがちゃんと言える選手になってほしい。「いや、たしかに打ったのは自分なんですけど、データ班が徹夜で相手を分析してくれたおかげです」「いつも練習を手伝ってくれる仲間、バッピをやってくれる選手に感謝したい」。仲間へのリスペクトがあれば、控えの選手も報われるのではないでしょうか。

第3章

試合から学ぶ

2023年の全国高校野球選手権大会1回戦
富山商業対鳥栖工業の試合には、
試合の流れや勝敗の分かれ目となりそうなポイントが
多くありました。みなさんが試合を戦う上で参考になること
ばかりなので、いっしょに学んでいきましょう。

■2023年 第105回全国高校野球選手権大会
8月9日／1回戦第1試合

	1	2	3	4	5	6	7	8	9	10	11	12	計	H	E
富山商	0	1	0	0	0	0	0	0	0	0	1	0	2	8	1
鳥栖工	0	0	1	0	0	0	0	0	0	0	1	1x	3	4	0

【富】●上田ー鶴田　【鳥】古沢、○松延響ー松延晶

野球IQを高める「脳内ダブルヘッダー」のススメ

選手が野球のセオリーや監督の野球観を学び、野球IQを高めるには、試合を振り返るのが一番いい教材になります。

試合のスコアブックや映像を見ながら、ポイントになる場面を検証する。もちろん、ベンチ入りメンバーだけではなく、チーム全員で。

監督が「ここはこういうことを考える。だからこのプレーをする」とセオリーや野球観を伝える。「この場面では何を考えて、どうしようとしていたのか」「この打席では、こうしたほうが良かった」「相手チームは、なぜこうしたのか?」「この場面では、相手はこういう心理だったんじゃないか」などと全員で紐解いていきます。

自分たちのチームについては、監督や当事者が説明できるでしょう。相手チームについては、相手の立場で考えたり、想像したりします。

そうやってセオリーや考えかた、野球観をチーム全員で共有します。同じ試合を、頭のなかでもう1回するようなもの。いわば「脳内ダブルヘッダー」です。

実際に試合をする以上に時間がかかります。たとえば2時間で終わった試合を細かく振り返ると、4時間はかかるでしょう。しかし、試合を検証して、反省したり、アイデアを出し合ったりするうちに、選手は野球がどんどん面白くなっていくと思います。お互いの考えを理解し合えば、チームワークも向上します。

技術面の練習はもちろん大事ですが、脳内ダブルヘッダーで全員の野球ＩＱを高め、自分たちのチームの野球観を浸透させていれば、次に同じような場面になったときに生きてきます。まったく同じ場面ではないにしても「あの試合の５回にあった、あのプレーだな。ＯＫ、ＯＫ」となると、次に起こり得るプレーに対して準備したうえで、対応できる。何かが起きてからあわてて対処するのとは大きく違います。

脳内ダブルヘッダーの例として、２０２３年の全国高校野球選手権大会１回戦・富山県立富山商業対佐賀県立鳥栖工業の試合を細かく振り返ります。私が近年に見たなかで、もっとも勉強になった試合です。

ただし、私は両チームの監督、選手の思考や心理を想像しているに過ぎません。あくまで私なりの視点と考え方です。両チームからすると、「そんなことを考えていたわけではない」「実はこうだった」という話かもしれません。それでも、相手チームの思考や心理を探る参考になると思います。

では、富山商対鳥栖工の「脳内ダブルヘッダー」の試合開始です。

■2023年 第105回全国高校野球選手権大会　8月9日／1回戦第1試合

富山商

※学年の●は左打ち、□は両打ち

選手	学年	打数	得点	安打	打点	1	2	3	4	5	6	7	8	9	10	11	12
(中) 足谷蒼太	❸	4	1	1	0	空三振		遊直			四球		中安		一ゴ		
(遊) 竹田哩久	❸	5	0	0	0	一ゴ		一ゴ			空三振(併)		左飛		一邪		
(左) 堀山時和	❸	5	0	0	0	右飛			一ゴ		空三振		右飛			三ゴ	
(三) 福田敦士	❷	5	1	3	0		右3		中飛			一邪		中安		右安	
(一) 白崎透哉	③	4	0	1	0		三ゴ		三ゴ			左2		一ギ		空三振	
(捕) 鶴田尚冴	②	5	0	0	1		遊ゴ			左直		中飛		空三振		中飛	
(右) 岡田拓馬	②	3	0	2	0		左2			空三振		死球		左安			
走右 秋田幹太	③	1	0	0	0												一ゴ
(投) 上田海翔	③	5	0	1	0		遊ゴ			中安		遊ゴ		遊ゴ			遊直(併)
(二) 白木球二	③	3	0	0	0			中飛		三ゴ			空三振		投ギ		
合計		40	2	8	1												

選手		投球回	打者	球数	安打	本塁打	犠打	犠飛	三振	四球	(故四)	死球	失点	自責点	暴投
● 上田海翔	右	11	42	161	4	0	5	1	3	3	1	2	3	1	2
合計		11	42	161	4	0	5	1	3	3	1	2	3	1	2

失策: 上田 海翔(12回) ／暴投: 上田 海翔(3回、5回) ／盗塁: 岡田 拓馬(9回)
盗塁死: 足谷 蒼太(6回) ／走塁死: 秋田 幹太(10回) 鶴田 尚冴(12回)

鳥栖工

名前	学年	打数	得点	安打	打点	1	2	3	4	5	6	7	8	9	10	11	12
(二) 鐘ケ江瑠斗	❸	4	0	1	1	四球		中安		中飛			二ゴ		二ゴ		
(遊) 天本陽晴	❷	3	0	2	0	一ゴ		四球			中安		二安			捕ギ	
(中) 高陽　章	□3	3	0	0	1	三ゴ		三直			三ギ		中飛			中犠	
(捕) 松延晶音	③	4	1	0	0		二ゴ		右飛		遊ゴ			空三振		敬遠	
(右) 戸塚　廉	③	5	0	0	0		中飛		右飛		三ゴ			三ゴ		右飛	
(左) 林　航海	❷	3	0	0	0		見三振		中飛			遊直		死球			ギ失
(一) 藤田陽斗	❸	4	1	1	0			左安		右飛		二ゴ		二ゴ			
(投) 古沢　蓮	③	0	0	0	0			一ギ									
打　松本十和	③	0	0	0	0					死球							
走　原田晃希	②	0	0	0	0												
投　松延　響	①	1	0	0	0							二ゴ			ギ野		
(三) 松尾明芳	③	4	1	0	0			見三振		遊ゴ			三ゴ		投併		
合計		31	3	4	2												

選手		投球回	打者	球数	安打	本塁打	犠打	犠飛	三振	四球	(故四)	死球	失点	自責点	暴投
古沢　蓮	右	5	18	59	3	0	0	0	2	0	0	0	1	1	0
○ 松延　響	右	7	26	97	5	0	2	0	5	1	0	1	1	0	0
合計		12	44	156	8	0	2	0	7	1	0	1	2	1	0

捕逸: 松延 晶音(11回) ／けん制死: 高陽 章(1回) ／盗塁: 高陽 章(1回)

【1回裏】鳥栖工の攻撃

■二死一塁から、四番・松延（晶）の2球目に一塁走者の高陽が盗塁に成功。二死二塁とするが、4球目の前に二塁走者がけん制でアウトになった

鳥栖工は甲子園初出場です。1回表の守備では先発した右腕・古沢が三者凡退で立ち上がりましたが、大坪慎一監督としては選手たちが早く平常心に戻ってプレーできるようにしてあげたいと考えていたでしょう。

先頭の鐘ケ江が四球で出塁すると、二番・天本の初球にいきなりエンドランを仕掛けてきました。結果的には一ゴロで走者が入れ替わった。さらに三番・高陽の三ゴロで二死一塁となると、今度は四番・松延（晶）の2球目に高陽が二盗を成功させました。このエンドランと盗塁は、大坪監督の「いつもどおりやるぞ」というメッセージ。もちろん点を取りにいくのが目的ですが、作戦で選手を動かして、緊張をほぐす意味もあったと思います。

その後のけん制死は、おそらく投手がセットポジションに入ってから打者に投げるまでのクセ（セットに入ってからの秒数など）から、スタートを切った。そこにけん制球が来て、

戻れなかった——というプレーではないかと思います。富山商の二塁手・白木が走者の動きをしっかり見ていて、うまく対応しました。

先制機を逃したものの、鳥栖工にとっては自分たちの野球を甲子園で展開しようというイニングでした。

【2回表】富山商の攻撃

■一死三塁から六番・鶴田の遊ゴロで先制。富山商1対0鳥栖工

この回先頭の四番・福田が左中間を深く破る三塁打で出塁。続く五番・白崎が三ゴロに倒れて、一死三塁となりました。

走者三塁の状況で、鳥栖工の内野陣は定位置で守っていました。「内野ゴロで1点はOK」という守り方です。鶴田が遊ゴロを打った瞬間に、遊撃手の天本の頭のなかには一塁への送球が浮かんでいたと思います。プレーにまったく迷いがありませんでした。

監督は相手投手と自チームの打線、自チームの投手と相手打線の力関係から、「この試合は何対何になる」と予想して、試合のプランを立てます。このプランによって、走者三塁の

場合に前進守備にするか、後ろを守るかを判断します。チームによっては「序盤は、前進守備はしなくていい」と決めている場合もあります。

鳥栖工の大坪監督は「相手エース右腕の上田から、1、2点は取れる」と計算していたのでしょう。それなら、この場面は1点はOKです。先制点ではありますが、その1点を怖がると、かえってビッグイニングにしてしまう。監督の考えが、チームに浸透していたからこそのプレーでしょう。

この試合をとおして、両チームの守備が印象に残りました。試合前のシートノックの段階で、「両チームともフットワークがいい。捕球の基本技術も身についている。しっかり鍛えられているな」と感じました。試合が始まると、1球ごとに全員がスイングに吸い込まれるように1歩目のスタートを切っていた。守備の当たり前のレベルが高いチーム同士の対戦でした。

■二死二塁から八番・上田が遊ゴロに倒れた

二死走者なしから七番の岡田が左翼線へ二塁打を打ち、二死二塁になりました。

続く八番の上田に対して、鳥栖工の捕手・松延（晶）はフルカウントからの7球目めに内角高めのストレートを要求します。この球を引っ張らせて左翼ポール際に大きなファウルを打たせた。その残像を使用して、次の8球目に外角低めへスライダー。P38の「攻撃あるあ る④」でお伝えしたセットメニューの配球で、計算どおりに打ち取りました。

富山商が先制したことで「勝負のシーソー」はいったん富山商に傾きました。しかし、鳥栖工としてはやるべきことをやって、最少失点でしのいだ。シーソーの傾きを少し戻した形になりました。

【3回裏】鳥栖工の攻撃

■一死二塁で、九番・松尾の打席。初球のスライダーが暴投になり、二塁走者・藤田が三塁を陥れた

二塁走者の藤田は第2リードを取ったあと、投球がワンバウンドになると、素早く判断して三塁へ走りました。「動」から「動」のスタートで、当たり前のように三塁を狙った。質の高い走塁でした。

■一死三塁。松尾は見逃し三振に倒れた

一死三塁となり、富山商の内野陣は前進守備でした。1点リードの状況ですが、「同点になってもOK」とは考えていません。鳥栖工とは対照的ですね。

1ボール1ストライクからの3球目。富山商のバッテリーはスクイズを読み、外角へ外します。打者の松尾が何とか食らいついてバットに当てたものの、バントした打球はファウルになりました。投手の上田からすると、スクイズを外し切れなかった。しかし、1ボール2ストライクからのスライダーで見逃し三振にしとめました。

このスライダーは、それほど厳しい球ではなかったと思います。打者としては追い込まれているので、手を出すべき球です。松尾はスクイズを決められなかったショックを引きずっていたから、手が出なかったのでしょう。富山商のバッテリーは、打者の動揺を見透かしたうえで、ストライクゾーンで勝負してきたのかもしれない。そんな1球の攻防でした。

■二死三塁。一番・鐘ケ江が中前へ適時打を打つ。鳥栖工1対1富山商

二死三塁で、一番の鐘ケ江が1ボール2ストライクからのスライダーをセンター前へ弾き

返しました。

投手の上田は、追い込むまでは低めに投げていましたが、肝心の決め球が高く浮きました。上田は走者を背負ってからの投球が持ち味の投手です。このときはギアチェンジが裏目に出たのかもしれません。「いつもどおり」だったかどうか？「この1球で決めてやろう」と力んだために、球が浮いてしまったのではないかと思います。

■二死一、二塁。三番・高陽は三直で追加点はならず

二死一塁から二番の天本は、フルカウントから2球ファウルで粘った末に四球を選んで一、二塁としました。

三番の高陽は3ボール1ストライクからの5球目のストレートを空振り。このカウントでのバッテリーの心理としては、四球を出したら満塁で四番の松延（晶）を迎えるため、確実にストライクが取れる球種を選択します。打者の高陽はその球を狙っていたのだと思います。続くフルカウントからの6球目もストレートを打ちましたが、三塁ライナーとなりました。

「勝負のシーソー」は、平衡に。鳥栖工としては一気に傾けたかったところですが、富山商が許しませんでした。

【4回表】富山商の攻撃

■三番・堀山から始まった攻撃は三者凡退

3回裏に同点に追いついた鳥栖工としては、大事な4回表の守り。投手の古沢は富山商の攻撃を7球で片づけました。捕手の松延（晶）が、古沢の性格を考えて何か声をかけたのではないでしょうか。

「点を取ったあとの回だから、大事にいこう」なのか、「いつもどおりでいこう」なのか。もしかしたら、あえて声をかけず、何も意識させなかったのかもしれません。

「大事にいこう」と気持ちを入れることでいい投球ができる場合もありますが、かえって慎重になりすぎたり、力みにつながったりする場合もあります。普段のコミュニケーションで性格やタイプを把握して、その投手に合わせた声をかける必要があります。

あの手この手を使って、試合開始の1球目と同じ状態で投球できるように、投手を導く。それが捕手の仕事です。

【4回裏】鳥栖工の攻撃

■二死走者なし。六番・林が中飛を打ち上げた

4回表の攻撃が7球で簡単に終わった富山商としては、イヤな流れを感じて守りについたと思います。投手の上田は簡単に二死を取りましたが、6番の林に対してボールが2球続きます。P51の「投手あるある①」が発動しました。3球目もボールとなりましたが、そこで踏ん張り、フルカウントから7球目のストレートで中飛に打ち取りました。

【5回表】富山商の攻撃

■先頭の六番・鶴田が左翼前へライナーを打ったが、左翼手・林が好捕した

左翼手の林が前へダイビングして捕るファインプレー！　打球に対する1歩目のスタートがよかったですね。「抜けたら……」と考えると、前に出にくいもの。よく飛び込んだと思います。甲子園という大舞台で、自分たちのプレーができるのは立派です。

■一死から七番・岡田が空振り三振

1ボール1ストライクからの3球目。岡田は内角寄りのストレートを引っ張り、左翼ポール際へ大きなファウルを打ちました。

鳥栖工のバッテリーはこの1球を布石にして、次の球は外角低めのスライダーを選択。打者の岡田はストライクからボールになる球を振ってしまいました。P38の「攻撃あるある④」が発動した打席でした。

【5回裏】鳥栖工の攻撃

■一死から八番・古沢の代打・松本が死球で出塁。代走・原田が起用される。九番・松尾への2球目が暴投になり、一死二塁となった

鳥栖工の大坪監督は投手の古沢に代打を出した。つまり、リリーフ右腕の松延（響）に継投するということです。

継投は試合前からのプランだったと思いますが、問題はどこで代えるか。6回の富山商の攻撃が一番から始まることを考えて、交代を決断したのだと思います。ブルペンで受けている捕手からの情報もあったかもしれません。

この場面の代走の役割について考えてみましょう。

代走が出ると、捕手は「この場面で代走が出るということは……」と考えます。富山商の捕手・鶴田は「まだ5回だ。代走の切り札は終盤まで取っておくだろう」と判断したでしょう。それでも、代走で出てくる選手の走力は高いはず。盗塁があるのか、バントなのか……と思考を巡らせながら、走者の動きをチェックしていたと思います。

富山商のバッテリーは、九番・松尾へ初球を投げる前に一塁走者をけん制しています。けん制して、相手の作戦をうかがう。基本中の基本です。

初球。松尾は三塁側へセーフティバントを試みました。富山商としては、代走が出て普通に送りバントをしてくれたら、進塁と引き換えに1つアウトを取れる。このセーフティバントには、「イヤらしいことをやってくるな」と感じたと思います。

このかけ引きの結果、2球目の外角低めのストレートが暴投になり、一塁走者が二塁へ進みました。鳥栖工としては、「してやったり」の1球でしょう。

■九番・松尾の遊ゴロで二死三塁。一番・鐘ケ江が中飛で得点機を逃した

二死三塁で、一番の鐘ケ江。3回に同点に追いついたのと、まったく同じ場面になりました。

富山商バッテリーは、「さっきの打席でこのバッターに対して、何を投げて、どうなったか?」を考えたでしょう。3回の打席では、1ボール1ストライクからの3球目に低めのスライダーを投げて、空振り。次のスライダーが甘くなり、中前打を打たれた——。バッテリーはそれが瞬時に思い浮かばないといけません。

この打席では、2ボール1ストライクからスライダーを空振りさせて、2ストライクに追い込みました。

「2ボール2ストライク」は、バッテリーとしては3ボールにはしたくない。ここで勝負を決めたいカウントです。勝負球は何か? バッテリーの選択は、チェンジアップでした。打者の鐘ケ江は中飛に倒れました。

この1球には、配球の面白さが詰まっています。打者としては、「さっきは変化球を打った。勝負球に変化球は来ない」と思っていたかもしれません。バッテリーはそれを読んで、裏を

かいて3回の打席とは別の変化球で勝負したのかもしれない。あるいは打者は変化球を待っていて、その球が来たから力んで打ち損じたのかもしれません。

配球は、考えに考え抜いても、結果的に裏目に出ることがあります。「正解」はない。それでも、相手の心理を読んで、抑える確率を高めていくしかありません。

ここで控え選手の起用について、お伝えしたいと思います。

私がNTT東日本で監督を務めていた当時は、控え選手の出しどころを考えていました。特に都市対抗では、企業のシンボルチームとして、社員の士気を高揚するのも大きな役割です。ベンチにいる控え選手の職場の仲間が、応援に来てくれている。その選手が試合に出れば、グッと盛り上がります。勝負師としては「甘い」と言われるかもしれませんが、監督は情がないとできないと私は考えています。

この試合では、5回裏に代打で出た松本、代走で出た原田は役割を終えてベンチに下がりました。鳥栖工の大坪監督がどう考えて2人を起用したのかはわかりません。もちろん勝つためだと思いますが、それだけではなかったのではないでしょうか。

松本は3年生。本人は「3年間努力してきてよかった」と思ったでしょう。原田は2年生。この経験が今後に生きると思います。2人のご家族をはじめ関係者は、チームが甲子園に出たことを喜んだと思いますが、彼らが甲子園でプレーする姿を目に焼き付けたことでしょう。たった1回の代打や代走でも、甲子園で試合に出ることでその選手の人生が変わるかもしれない――。私はそう思います。

【6回表】富山商の攻撃

■先頭の一番・足谷が四球で出塁。二番・竹田の打席で、6球目に竹田が空振り三振。足谷も盗塁を失敗して、ダブルプレー。二死走者なしになった

代走の原田に代わって、この回から松延（響）がマウンドへ。松延（晶）との兄弟バッテリーが甲子園で実現しました。

松延（響）は、立ち上がりでストレートが高めに浮いていました。一番の足谷には3球続けてボール。その後2つストライクを取りましたが、四球で歩かせてしまいます。二番の竹田は送りバントの構えをしていましたが、初球から2球続けてボール。松延（響）は甲子園のマウンドで緊張もあったのでしょう。制球に苦しんでいて、球自体にも本来の力がありませんでした。

2ボールになったところで、投手は確実にストライクを取りにくる。しかもストレートで。攻撃側としては、送りバントで簡単に1つアウトをあげるのはもったいない。ストレートを狙って、バスターかヒッティングに切り替えることも考えられます。ただ、強攻策が裏目に出ると、勝負のシーソーが相手に傾いてしまいます。

富山商の前崎秀和監督は1対1で迎えた6回という展開をみて、「1球待って、3ボールになればOK。2ボール1ストライクになったら、送りバント」と考えたと思います。

3球目がストライクになり、2ボール1ストライクからの4球目。竹田のバントは三塁線へ転がりましたが、ファウルになりました。

攻撃側からすると、これは狙いすぎ。三塁線ギリギリを狙うよりも、しっかり走者を送ってほしいところでした。

守備側からすると、三塁手の松尾はバントの打球を見極めて、ファウルにした。簡単に見えますが、実は難しい判断です。1つアウトを取る判断もあるなかで、あわてて捕りにいかずに冷静に「ファウルだ」と判断できたのは、しっかり準備ができていたからでしょう。

このファウルで、2ボール2ストライク。スリーバントもある。エンドランもある場面です。5球目は、ファウル。続く6球目に、一塁走者の足谷がスタートを切りました。

投球は外角高めのストレート。竹田のバットが空を切ると、捕手の松延（晶）は二塁ベースに入った遊撃手の天本へ好送球。足谷の盗塁を阻み、三振ゲッツーになりました。

無死一、二塁になってもおかしくないほど、弟が苦しんでいた。弟のピンチを兄が救った、素晴しいプレーでした。

■二死走者なし。三番・堀山は3球三振でチェンジ

2アウトで、走者がいなくなった。ここで投手の松延（響）は表情が変わりました。緊張がほぐれて、落ち着いたのだと思います。それが投球にもあらわれます。

三番・堀山への初球に、初めてカーブを投げ、ストライク。2球目はストレートで簡単に追い込みました。

打者の堀山としては、1球でチャンスがつぶれて迎えた打席です。「簡単にはアウトになれない」とプレッシャーを感じたと思います。初球から積極的に打ちにいきにくい。そこでポンポンと追い込まれてしまいました。

3球目は143キロのストレートで、空振り三振。松延（響）はコントロールも球速も、本来の投球を取り戻しました。

「勝負のシーソー」は、リリーフ投手の立ち上がりの制球難で富山商に傾きつつありました

が、逆に鳥栖工に傾きました。

【6回裏】鳥栖工の攻撃

■一死二塁から四番・松延（晶）、五番・戸塚が三ゴロで凡退。勝ち越し機を逃した

鳥栖工は失点のピンチを未然に防いで、攻撃に入った。先頭の二番・天本が中前打で出塁。続く三番・高陽が送りバントを決め、一死二塁となりました。P74の「試合展開あるある③」が発動しました。

四番・松延（晶）の打席。スライダーが2球続けてボールになったところで、富山商の前崎監督は守備のタイムを取り、伝令を送ります。

一塁が空いている状況。しかも、打席の松延（晶）はキーマンであり、6回表の守りで好送球をした選手。P47の「攻撃あるある⑨」とP48の「攻撃あるある⑩」が発動しています。カウントや流れを考えると、いいタイミングの伝令でした。おそらく「ここは無理に勝負する必要はない」という確認だったのではないでしょうか。

しかし、上田の投球は、2球続けて甘いスライダー。松延（晶）は4球目を打って、遊ゴ

ロ。富山商からすると、「打ち損じてくれて、助かった」という打席でした。もしかすると、伝令の内容は「スライダーで勝負しろ。ここで四番を抑えたら、流れがくるぞ」だったのかもしれません。そうだとしても、打たれてもおかしくない球になってしまいました。

投手の上田はこの試合ではピンチの場面で球が甘くなる傾向がありました。「抑えたい」という気持ちが力みにつながったのかもしれません。

投手は気持ちが熱くなりすぎると、いつもの自分の投球ができなくなるもの。そこで、捕手の出番です。ピンチでは「気合で抑えろ!」とギアを上げさせるのも大事ですが、それ以上に、冷静に18・44メートルの糸電話で会話をしながら、「いつもどおり」に投げさせるのが大事です。

なお二死二塁。富山商にとってピンチは続いています。次打者の五番・戸塚への入り方には気をつけたいところ。四番を打ち取ってホッとしてしまうと、打たれてしまう。まだ一塁は空いている状況なので、石橋を叩いて渡る場面です。

ここは初球のスライダー、2球目のストレートが決まり、2球で追い込んだ。そこからさらに厳しいボールを2球続けて、1ボール2ストライクからの5球目で三ゴロを打たせた。スライダーが少し甘くなりましたが、三塁手の福田が難しいゴロをうまくさばき、ピンチを逃れました。福田はバウンドをしっかり見ていました。ハーフバウンドに対して体ごと止めにいくのではなく、左肩を引いて半身になって、ボールとの距離をはかりながらグラブを出した。けっして簡単ではないプレーを、ピンチの場面で当たり前にやっています。富山商の練習の量と質の高さがうかがえるワンプレーでした。

鳥栖工は自分たちに傾きつつある「勝負のシーソー」を、もう一押ししたかった。しかし、富山商が粘りで押し戻した。そんな攻防でした。

【7回表】富山商の攻撃

■一死から五番・白崎が左翼線への二塁打で出塁。二死後に七番・岡田の死球で一、二塁としたが、八番・上田が遊ゴロに倒れて勝ち越し機を逃した

この回の先頭は、直前に好守を見せた福田。P48の「攻撃あるある⑩」が発動しましたが、内角寄りのストレートで一塁へのファウルフライに倒れました。一塁ベンチ前への難しいフライでしたが、一塁手の藤田が球に食らいつくようにして、よく捕ったと思います。

続く五番・白崎はスライダーが2球続けてボールになったあと、3球目の内角寄りのストレートを引っ張り、左翼線への二塁打。2ボールからのカウント別の心理から、ストレートで確実にストライクを取りにきたところを狙い打ったのでしょう。

二死後に七番・岡田の死球で一、二塁に。八番・上田の初球がストライクになったところで、富山商の前崎監督は攻撃のタイムを取りました。

このタイムにどんな意図があったのか。考えられるのは、3つです。

1つは、上田に対する「力むなよ」というアドバイス。投手としての上田は、ピンチで球が高めに浮く傾向がありました。打者としてもチャンスで力むと、いつもの打撃ができなくなるタイプなのかもしれません。

2つめは、「インコースにはこないぞ。外の球だけを打て」あるいは「外のスライダーを狙って打て」という指示。死球のあとで、打者は投手。相手バッテリーの心理を考えると、内角は攻めにくい場面です。

3つめは、「何のタイムだろう?」と相手バッテリーに考えさせること。バッテリーの集中力を、少しでもほかのところに向けるためです。

上田は次の球で内角のストレートを打って遊ゴロ。少し力んで、打ち損じたように見えました。

【7回裏】鳥栖工の攻撃

■二死から八番・松延（響）の打球は、詰まりながらもセンター前へ抜けそうな当たり。二塁手の白木が追いつくと、遊撃手の竹田にグラブトス。竹田が一塁へ送球して、アウトにした

「勝負のシーソー」は7回の表に富山商に傾きかけましたが、鳥栖工がそれをさせなかった。ピンチを脱した鳥栖工にP74の「試合展開あるある③」が発動してもおかしくないイニングでした。

しかし、富山商の二遊間の超ファインプレーがそれを阻みました。二塁手の白木は二塁ベース右への打球に、うまく回り込んだ。そのとき、遊撃手の竹田は白木のそばへ走り込んでいました。おそらく竹田は、白木が自分にグラブトスすることがわかっていて、一塁へ投げるつもりで動いていたのだと思います。反時計回りに回転しながらトスを受けると、そのまま流れるような動きで一塁へ送球して、アウトにしました。

「こういうプレーになる」と準備ができていたからこそのプレーです。もしかしたら、練習

していたのかもしれません。試合で起こる可能性があるプレーを練習させておくのが指導者の仕事ではありますが、それにしても甲子園で、しかも緊迫した試合の終盤にこのプレーが出るとは……。見事としかいいようがありません。

【8回表】富山商の攻撃

■一死から一番・足谷が中前打で出塁。しかし、後続が倒れた

富山商は白木と竹田の連係プレーで勢いに乗った。その勢いは、ベンチへ戻る選手たちの姿にもあらわれていました。しかも、富山商にとっては「魔の8回」。「8回の攻撃では声だけの応援をして、点が入る」というジンクスがあるイニングを迎えました。

これは富山商にとっての「試合展開あるある」。心理的にプラスに作用して、ベンチの選手たちもスタンドも「よし、この回だ!」と、ムードが高まっていました。

この「魔の8回」。相手にしたらイヤな「あるある」ですが、鳥栖工の選手たちは知っていたかどうか。情報として入ってきていても、大坪監督があえて選手たちに伝えなかった可能性もあります。「知らぬが仏」という言葉もありますから。

この回の先頭は九番・白木。P48の「攻撃あるある⑩」も発動しています。しかし、投手の松延（響）の投球はそれまでとまったく変わらず。1ボール2ストライクから外角低めのスライダーで空振り三振を奪いました。「魔の8回」を知らなかったか、知っていたけど「いつもどおり」にできたのか。意識していたら、慎重になりすぎてボールが先行する……という投球になっていたかもしれません。

一死から俊足の足谷が中前打で出塁しました。盗塁やエンドランなどが考えられる場面でしたが、鳥栖工の兄弟バッテリーはボール先行のカウントにしなかったこと、しっかりクイックで投げたことで、走者の動きを封じました。

二死一塁となって三番・堀山を打席に迎えると、鳥栖工の外野手は長打を警戒して後ろに下がりました。長打を打たれると、勝ち越されてしまう場面です。「詰まった打球が前に落ちるのはかまわない」というポジショニングでした。堀山に1ボール2ストライクからの4球目のスライダーをとらえられましたが、深めに守っていた右翼手が難なく追いつきました。

スーパープレーと「魔の8回」で富山商に傾いていた「勝負のシーソー」は、鳥栖工が無失点で終えたことで、再び平衡に戻りました。

【8回裏】鳥栖工の攻撃

■二死から二番・天本がセーフティバントで出塁する

天本は初球のストレートをファウルにしたあと、2球目にセーフティバントを敢行します。投手の右、二塁手の前を狙ったドラッグバント。投手の上田は打球を追い、グラブを出しましたが捕れず、内野安打になりました。

この上田の動きから、疲れが見てとれます。試合序盤ならアウトにできていたのではないでしょうか。疲労のため、足が思うように動かなかったのだと思います。

■二死一塁から三番・高陽の中飛でチェンジ

二死一塁。一塁走者の盗塁が考えられる場面です。バッテリーは外角のストレートが多くなります。上田は一塁走者をけん制をして、クイックモーションで投げていました。

1ボールからの2球目。打者の高陽は中飛を打ち上げました。バッテリーにしたら、「打ってくれて助かった」という1球です。しかし、打者としては、外角のストレートを待っていて、その球が来たから打った。中飛になってしまったのは、結果論にすぎません。

鳥栖工としては、長打がほしい場面。打者としては外角の球を左中間へ打つか、右中間へ引っ張る打撃がしたいところでした。しかし、富山商のバッテリーがそれを阻んだ。上田は高陽を1打席目、2打席目ともに外のストレートで打ち取っていました（三ゴロ、三直）。「外角に投げれば長打はない。打たれてもヒットならOK」という投球だったのかもしれません。

【9回表】富山商の攻撃

■一死二塁から六番・鶴田が三振

1対1で迎えた9回。先頭の四番・福田が中前打で出塁。五番・白崎が犠打できっちり送って、一死二塁の勝ち越しのチャンスをつくりました。1点取れば、大きく勝利に近づきます。

富山商にとっては、最悪でも右方向への進塁打を打ち、二死三塁にしたい場面です。右打者なら、外角の球を狙う。追い込まれたら、内角の球に詰まってでもいいから右へ転がす。そんな準備ができているかどうか。

六番・鶴田は初球の外角のスライダーを見逃し、2球目の外角高めのストレートを空振りして追い込まれてしまいました。ここからバントのような構えからのコンパクトなスイングに切り替えましたが、3球目の真ん中高めのストレートをファウル。そして4球目のスライダーを空振りしてしまいました。もしかすると、鶴田の頭には「1球は内角に投げてくる」という読みがあったのかもしれません。バッテリーがそれを上回りました。

ここで、二死でも走者を三塁に進める意味を考えてみましょう。

野球は、アウトと引き換えに走者を進めて、得点につなげるスポーツです。先頭打者が出塁した場合、どこかで1つ、アウトと引き換えせずに進塁させれば、タイムリーが出なくても得点できます。

その計算でいくと、一死二塁から進塁打でアウト1つと引き換えにして二死三塁にしても、タイムリーが出なければ点が入りません。

しかし、二死二塁と二死三塁では、守備側のプレッシャーが大きく異なります。特にこの場面は同点の9回なので、なおさらです。失策、暴投、捕逸。「1つのミスで試合が決まってしまう。絶対にミスはできない」というプレッシャーが重くのしかかります。バッテリーは暴投や捕逸のリスクがある球種を避ける。ということは、打者は狙い球を絞りやすくなります。

富山商としては、この場面で三塁に進められず、ただ1つアウトをあげただけになったのはもったいなかった。鳥栖工としては、アウト1つ以上の価値がある三振でした。

■二死二塁から七番・岡田の左前打で二死一、三塁とした

七番・岡田は1ボール2ストライクから外角のスライダーを2球続けて見極め、フルカウントまで戻しました。1点勝負の場面。鳥栖工のバッテリーとしては、一塁が空いていましたので、四球でも良かった。しかし、岡田との勝負を選択します。岡田はストライクを取りに来たストレートを打ち、打球はゴロで三遊間を抜けていきました。

富山商の三塁ベースコーチの高松は、二塁走者を三塁で止めました。左翼手の林の送球は、ダイレクトで捕手へ。回していたら、確実にアウトだったでしょう。それくらいの好返球でした。高松の判断は、素晴しかったと思います。

岡田の打球を左翼手の林が捕った瞬間と、二塁走者の福田が三塁ベースを踏んだ瞬間は、ほぼ同時でした。三塁ベースコーチにとって、回すか、止めるかの判断はとても難しい。1点勝負の試合を考えると、アウトになる確率が高くても回したくなるところです。

しかし、次打者がチームの大黒柱、主将兼エースの上田ということもあったのでしょう。冷静な判断で止めて、大正解でした。

■二死一、三塁。八番・上田の2球目に一塁走者の岡田が二盗に成功。二死二、三塁としたが、上田は遊ゴロに倒れた

1点勝負の9回二死一、三塁。打者としては「打ってやる！」と気持ちが入る場面です。しかし、ダブルスチールも考えられる場面。打者も走者も1球1球、冷静に監督のサインを確認しなければなりません。

1ボール1ストライクからの3球目。一塁走者の岡田が二塁へスタートを切りました。このとき、投手の松延（響）はクイックモーションではなく、左足を高く上げて投げていた。けん制することもなく、打者との勝負だけに集中して「自分の一番いい球を投げよう」としているように見えました。捕手の松延（晶）も一塁走者を無視。投球を捕った直後に三塁走者の動きを確認していますが、二塁へ投げるそぶりさえ見せませんでした。さらに、二塁手の鐘ケ江も遊撃手の天本も一塁走者ではなく、三塁走者をケアして動いた。つまり、全員が三塁走者を本塁へ還さないことに集中できていたということです。

ここは1点もやれない。二死一、三塁で1点入っても、二、三塁になって2点入っても、負ける。それくらい重い1点。サヨナラの場面と同じです。ベンチから伝令が出たわけではないのに、その意識がチーム全員で共有できていた。それが素晴しい。見過ごしてしまうようなシーンですが、決して簡単ではない。鳥栖工の野球IQの高さがうかがえる一瞬でした。大坪監督がご自身の野球観を浸透させてきたからでしょう。

一人でも別のことを考えていたら、そこから崩れてしまいます。たとえば「投手が一塁走者を意識してクイックで投げた結果、球が高めに浮いて痛打される」といったことが起こりがち。そんな心配はまったくなかった。全員が集中して、同じことを考えていました。鳥栖工のバッテリーは、二、三塁になっても何事もなかったように打者の上田を抑えることに集中した。だからこそ、遊ゴロに打ち取れたのです。

さて、「勝負のシーソー」はどうなったか？　富山商が押していたように見えますが、そうではない。結果論もタラレバも禁物ですが、鶴田の打席で二死三塁になっていれば、岡田の安打で1点が入っていた。シーソーは、その後のピンチを抑えた鳥栖工に傾きつつあります。

【10回表】富山商の攻撃

■9回裏の鳥栖工の攻撃は無得点。試合は1対1のまま、タイブレーク方式の延長戦（無死一、二塁から。打順は9回の攻撃からの継続）へ突入する

タイブレークの戦い方について、私の考えをお伝えします。

基本的には1イニングで勝負が決まる。表に攻撃するチームは、確実に1点以上取らないといけない。裏に攻撃するチームは表の結果から、同点狙いか、一気にサヨナラ勝ちを狙うかを考えます。

表の攻めかたは、打順によって変わります。セオリーでは送りバントで一死二、三塁をつくりにいきますが、ダブルプレーを考えなくてもいい打者から始まるのであれば、バントをせず一気にビッグイニングにする作戦もありえます。

表の守りは、「1点はOK。やっても2点まで」と考えます。1、2点までなら、裏の攻撃で追いつける可能性が高い。1点を惜しんで、ビッグイニングにしないことが肝心です。「1点もやらない」のか、「1点はOK」なのか。どの走者まで本塁に還してもいいのか、チームに考え方を浸透させておくべきです。その場その場で決めようとすると、どうしても

一手遅れてしまいます。最初の打者は送りバントの可能性が高いですが、決めつけないことが大事です。

■無死一、二塁。二塁走者の代走に秋田が起用される。九番・白木の投前への犠打で一死二、三塁とした

九番・白木は初球を三塁側へバント。投手の松延（響）は捕球して三塁を見ますが、すぐに一塁へ送球して1つアウトを取りました。三塁でアウトを取れる確信がなければ、一塁で確実に1つアウトを取る。守り方としては、これでOKです。

■一死二、三塁から一番の足谷が一ゴロ。三塁走者がアウトになり、二死二、三塁に。二番・竹田が一邪飛に倒れた

鳥栖工の内野陣は、前進守備。「1点はOK」ではなく、「1点もやりたくない」という守り方でした。内野手の間を抜けたらビッグイニングになります。そのリスクを覚悟してでも、0点に抑える守備を選択したということです。

足谷の打球は一塁ゴロ。一塁手の藤田が捕って本塁へ。三塁走者は三本間の真ん中で止まって三塁へ戻ろうとしたので、捕手の松延（晶）が三塁へ送球。三本間で挟殺プレーになりました。2→5→1→2→3と渡ったところで、三塁走者の秋田がスリーフィートオーバーと判定されて、アウト。この間に打者走者の足谷が二塁へ進み、二死二、三塁となりました。

鳥栖工としてはベストとはいえないプレーでした。三塁走者を三本間で挟んだとき、二塁走者はすでに三塁に到達していた。捕手はすぐに三塁へ投げるのではなく、三塁走者を追っていったほうが良かった。捕手が早く三塁へ投げてしまったために挟殺プレーに手数がかかり、打者走者を二塁まで進塁させてしまいました。「1点はOK」と考えてもいい場面では、二死一、三塁と二死二、三塁では大違いです。

とはいえ、ピンチで1つアウトを取った。投手の松延（響）はホッとしたくなるところです。ここで大坪監督がすかさずタイムを取り、伝令を送りました。

気持ちをリセットした松延（響）は、次打者の二番・竹田を一邪飛に打ち取り、無失点で切り抜けた。「勝負のシーソー」は、鳥栖工に大きく傾きました。

【10回裏】鳥栖工の攻撃

■無死一、二塁から八番・松延（響）が一塁前へ犠打。一塁手の白崎は三塁へ送球したが、セーフ（記録は犠打野選）。無死満塁となる

鳥栖工としては、10回表の守備を無失点で切り抜けた。この攻撃で1点取ればいい。バントが苦手な打者なら代打を起用してでも、確実に送りたい場面です。

富山商の投手・上田は9回までに145球を投げています。マウンドへ上がるとグラブを地面に置いて、ストッキングを直しました。直前まで三塁走者だったこともあって、間を取って落ち着こうとしているように見えました。さらに、打者に投げる前に2度、二塁走者をけん制するそぶり。もちろん二塁走者のリードを小さくする意図もあったでしょうが、鳥栖工の勢いを感じていたのもあったと思います。

打者の松延（響）は初球からバントの構え。1点もやれない富山商は、思い切ったバントシフトを敷いてきました。

送りバントをさせて一塁でアウトを取れば、一死二、三塁。そこから申告敬遠して満塁策をとることも考えられます。しかし、そうすると一死満塁で一番・鐘ケ江、二番・天本を迎

えることになる。それよりも一死一、二塁を狙う策を選択したのでしょう。

初球の投球と同時に、一塁手の白崎と三塁手の福田が前へダッシュ。遊撃手の竹田が三塁のベースカバーへ走りました。

打者としてはこの球を見逃したほうが良かったのですが、松延（響）はそのままバント。打球はホームベース付近でバウンドして、一塁方向へ。これを一塁手の白崎が捕り、三塁へ送球。しかし、間に合いませんでした。

これは「間に合わないのに、なぜ投げたんだ？」というプレーではありません。むしろ、白崎はよく三塁へ投げたと思います。

1点を防ぐために、思い切ってバントシフトで勝負をかけた。「ハイリスク・ハイリターン」の策を取ったわけです。三塁でアウトにできるかどうか、ギリギリのタイミングでも投げるべきです。一塁手としては安全に、無難にいきたくなりますが、それではバントシフトの意味がないのです。

このプレーで無死満塁になった直後、投手の上田は少し表情を緩めた。「OK、OK」という感じでした。「勝負にいった結果だから、仕方ない。このあとを抑えるぞ」。そんな投手と野手の信頼関係が見えました。そこがこのチームのすごさではないでしょうか。

■無死満塁から、九番・松尾がスクイズ。投手の上田が捕ると、本塁併殺で二死二、三塁となった

無死満塁となって、富山商の前崎監督は伝令を送ります。おそらく、スクイズの可能性のほか、「犠牲フライになりそうなファウルフライは捕らない」といった「当たり前」を確認したのだと思います。こういう大ピンチの場面では、1球ごとにみんなの頭のなかがグルグル回ります。いったん落ち着いて整理する時間を取りたかったのでしょう。

九番・松尾は初球のストレートをあっさりと見送ります。その見逃し方を見て、富山商のバッテリーはスクイズを警戒したのでしょう。2球目は外角に外しました。

3球目。鳥栖工の大坪監督はスクイズのサインを出しました。おそらく、2球目のピッチアウトを見て「満塁で2球続けて外すのは勇気がいる」と読んだのだと思います。

打者の松尾は真ん中低めの球をバント。打球は投手の正面へ転がりました。上田がマウンドを駆け下りてボールを捕ると、捕手の鶴田にグラブトス。鶴田が一塁ベースカバーに入った二塁手の白木に送球して、ダブルプレーを取りました。この土壇場で、こんなプレーができるなんて！　先ほどの野選をカバーした、「これぞエース」というプレーでした。

投手・上田のフィールディングはもちろん、投球も見事だった。三塁走者を見ながら足を

高く上げるのではなく、クイックモーションで投げたのです。

三塁走者は、けん制球に注意しています。右投手の場合、スタートが切れるのは、「けん制球はない」とわかった瞬間。言いかえると、投手が上げた左足を、捕手方向へ下ろしはじめた瞬間です。左足を上げた瞬間では、まだスタートが切れません。ただ、投手の左足が高く上がっていれば、その足が下り始めてから地面に着くまでのほんのわずかな時間だけ、走者がホームに向かって走る距離が稼げます。

しかし、上田はクイックで投げた。そのため、林はいいスタートが切れなかった。さらに本塁がフォースプレーだったことも加わり、アウトになった。細かいところですが、富山商の守備力の高さを感じるワンプレーでした。

■二死二、三塁から一番・鐘ケ江は二ゴロに倒れた。タイブレークは11回へ

スクイズを防いで二死二、三塁となった直後、捕手の鶴田がマウンドへ行き、上田に声をかけました。ビッグプレーでホッとしないように、間をおいた。状況がよく見えている。捕手としての気遣いと冷静さが感じられるシーンでした。

一打はもちろん、1つのミスで試合が決まるピンチは続いています。一塁も空いている状

況。次打者の鐘ケ江に対しては、甘い球を投げるのではなく、慎重に入るべきところです。上田は初球の低めの変化球でストライクを取ると、2球目は外角低めのボール球。そして3球目に低めに落ちる変化球を投げて、二ゴロに打ち取りました。

この緊迫した状況でも二塁手の白木の足はよく動いていて、当たり前のようにアウトにした。富山商の鍛え上げられた守備力が光ったイニングでした。

鳥栖工としては、無死満塁になった時点で「勝てるぞ」と思ったのではないでしょうか。そこから11回表の守りにつくことになりました。10回終了後、再びグラウンド整備が行われましたが、その時間でどれだけ気持ちを整理できたか？「勝負のシーソー」は富山商に傾いています。

9回裏以降、投手が味方の攻撃中に「サヨナラ勝ちだ」と思ってしまうと、気持ちが緩みます。監督はベンチのなかで、選手たちの気が緩まないように「まだ試合は終わってないぞ」「次の回があるぞ」などと声をかけます。

鳥栖工の松延（響）がどう思っていたかはわかりませんが、影響がまったくなかったわけではないと思います。大坪監督や周りの選手たちから声をかけてもらって、「次のイニングの入り方には気をつけよう」とマウンドへ上がったのではないでしょうか。

【11回表】富山商の攻撃

■無死一、二塁で三番・堀山が三塁ゴロ。一塁走者が二塁で封殺され、一死一、三塁になった

無死一、二塁で打順は三番、四番と回ります。攻撃側の監督としては「三番が送って一死二、三塁にしても、四番が歩かされる」と考えると、三番に打たせたくなるところです。しかし、富山商の前崎監督は三番・堀山に送りバントをさせる選択をしました。堀山は2球続けて打つ構えからバントしましたが、2球ともファウルになってしまった。そして、3球目はバスターの形で三ゴロを打ちました。送りバントは決められませんでしたが、二塁走者が三塁に進み、ダブルプレーにはならなかった。打者として最低限の仕事は果たしました。

■一死一、三塁から四番・福田の3球目が捕逸となり、三塁走者が生還。富山商が勝ち越した　富山商2対1鳥栖工

この場面では、捕手は一塁走者の盗塁を考えます。ダブルスチールも頭に入れておかなければなりませんが、一死では三塁走者が無理をしてホームを狙ってくる可能性は低いでしょう。

9回表は一塁走者を無視していい場面でしたが、状況が変わっています。ここは、1点はOKですが、2点目は防ぎたい。一塁走者が走ってきたら、三塁走者を気にするよりも、二塁でアウトにすることを考える場面です。

鳥栖工の内野陣は前進守備。二遊間は、打球によっては二塁併殺も視野に入れているという守り方でした。

四番・福田に対して、1ボール1ストライクからの3球目。内角低めを狙った135キロのストレートが、福田の顔の高さにきました。捕手の松延（晶）はミットを出しますが、間に合わずに後ろへはじいてしまった。捕逸で三塁走者が還り、富山商が勝ち越しました。

おそらく、普段の松延（晶）なら、捕れていた球だと思います。頭も体も疲労がたまっている。そのうえ、ピンチで四番。どう攻めるべきか？ スクイズはないと思っていいのか？ 一塁走者は走ってくるのか？ 考えることがたくさんあって、思考が分散。1つのことに集中できなかった。そのために高めに伸びる球に対して、反応がわずかに遅れたのではないでしょうか。

■なお一死二塁から四番・福田の右前打で一、三塁と好機を広げたが、後続が倒れた

捕逸で勝ち越したことで、「勝負のシーソー」は富山商に傾きました。鳥栖工としては「1点はOK」だったと思いますが、バッテリーは勝ち越された流れのまま、次の1球に入ってしまった。そのストレートが真ん中に入ったところ、福田に打たれてしまいました。

一死一、三塁。富山商がここでもう1点を追加できれば、「勝負のシーソー」の傾きはさらに大きくなる場面です。

スクイズ、セーフティスクイズ、一塁走者の盗塁、エンドラン……。いろいろな策が考えられます。ここで富山商の前崎監督は動きませんでした。打者の白崎に任せたのでしょう。結果は、2ボール2ストライクから外角のボールになるスライダーを空振りして、三振。鳥栖工の内野陣は前寄りに守っていましたが、打者としてはなんとか打球を出したかった。鳥栖工にとって最高の形にしてしまいました。

なお二死一、三塁。今度はダブルスチールもありえる場面でしたが、六番の鶴田は初球のスライダーを打ち、中堅左へのフライ。追加点を阻まれました。

「勝負のシーソー」は富山商に傾いていますが、鳥栖工としては「1点はOK」の表の守備で、その1点に抑えた。シーソーの傾きは小さくなりました。

【11回裏】鳥栖工の攻撃

■無死一、二塁から二番・天本の犠打で一死二、三塁とすると、三番・高陽が中犠飛を打ち上げた。鳥栖工2対2富山商

一死二、三塁で三番・高陽が打席に入ろうとしたところで、大坪監督が攻撃のタイムを取り、次打者の松延（晶）が高陽に何かを伝えました。「いつもどおりのスイングをすればいいよ」と落ち着かせたか、「お前に任せたぞ」と、打つことだけに集中させたか、どちらかだと思います。

ここで、富山商の内野陣は前進守備を敷いてきました。タイブレークで1点をリードして裏の守りに就く場合、セオリーは「1点はOK」です。前進守備の内野の間を抜かれると、1点を防ぐつもりが2点めが入るリスクがある。そうなると、逆転サヨナラ負けです。

それでも前進守備を選んだということは、前崎監督の「1点もやらずに逃げ切るぞ」という意志のあらわれでしょう。

「1点もやらない」と考えると、申告敬遠で満塁にする策も考えられます。そうすれば、本塁はフォースプレーでアウトにできる。しかし、一死満塁で四番・松延（晶）を迎えること

になります。メリットよりデメリットを考えて、高陽との勝負を選択したのだと思います。1ストライクからの2球目。高陽はスライダーを打つと、打球は中堅手の左への犠牲フライになり、同点としました。

このとき、中堅手の足谷は中継に入った二塁手に返球しています。冷静な判断です。「1点もやりたくない」という思いが強すぎると、あわててホームへダイレクトで投げてしまいがち。そうなると、二塁走者が三塁へ進んで、二死三塁になっていたかもしれません。二塁手がカットしたことで、二塁走者は動けなかった。このあたりの守備の考えかたも徹底されていました。

■二死二塁から、四番・松延（晶）は申告敬遠。二死一、二塁から五番・戸塚の右翼後方への飛球を右翼手・秋田が好捕。同点のまま、試合は12回へ突入する

二死二塁から四番・松延（響）を申告敬遠。「歩かせてもいい」という投球をする選択肢もあったかもしれませんが、富山商の前崎監督は申告敬遠を選択しました。これは五番の戸塚のほうが勝負しやすいと考えたわけではなく、松延（晶）をキーマンとして考えていたからでしょう。

二死一、二塁となり、五番の戸塚を迎えたところで、富山商の外野手は前進守備。ワンヒットでの二塁走者の生還を阻むシフトでした。

戸塚は2ボールからの3球目、やや甘く入ったストレートを右翼へ打ち返した。前進守備の外野手の頭を越えたかと思われる打球でしたが、右翼手の秋田が背走しながらジャンプして、キャッチ。最後はむこう向きに倒れ込みましたが、ボールを離しませんでした。またしても「ここで出るか！」というスーパープレーでした。

秋田はタイブレークに入った10回に代走として起用され、そのまま右翼の守備に就いた選手です。その選手が、甲子園でチームを救う大ファインプレー。見事としか言いようがありません。接戦では、あとから出てくる選手の役割が大きい。あらためてそう感じさせるプレーでもありました。

【12回表】富山商の攻撃

■無死一、二塁から七番・秋田が送りバントを失敗。一死一、二塁から八番・上田の遊直で二塁走者が併殺された

「勝負のシーソー」は大きく富山商に傾いて、12回に入りました。サヨナラのピンチを救うビッグプレーが出た。しかも、そのプレーをした秋田からの打順。P74の「試合展開あるある③」と、P48の「攻撃あるある⑩」がダブルで発動しています。

ここで、鳥栖工は一塁手の藤田だけがバントシフトで前へ出てきます。三塁側のバントは投手の松延（響）がマウンドをかけ降りて処理する形です。

打者としては、三塁側へうまく転がしたいところ。1球目。秋田は高めのボール球にバットを引きました。2球目。今度は外角低めの変化球にバットを出して、一塁側に転がした。そこに一塁手の藤田が走り込んでいました。二塁走者が三塁で封殺。送りバントは失敗となりました。

鳥栖工は、この場面で何をすればいいか、全員がわかっている。そして、それを冷静にやり遂げていました。このワンプレーで、「勝負のシーソー」は平衡に戻りました。

しかし、なお一死一、二塁。富山商にとってはチャンスが続いています。打席には、チームの大黒柱であり、キーマンの上田。P47の「攻撃あるある⑨」が発動しました。

2ボール2ストライクからの5球目。上田の打球は、やや詰まった当たりで遊撃へのハーフライナーとなりました。

二塁走者の鶴田は、打った瞬間に三塁へ一歩スタートを切っていた。打球を判断して二塁へ戻ろうとしましたが、体は三塁方向を向き、両足が揃っている状態。そこから体を切り返して二塁へ向かい、ヘッドスライディングしました。しかし、遊撃手の天本から二塁ベースカバーの二塁手・鐘ケ江に送球され、アウト。ダブルプレーで一瞬にしてチャンスがつぶれてしまいました。

ここは「ライナーバック」を意識しておく場面です。しかし、二塁走者の鶴田を含め、暑さのなかで試合開始から出ている選手たちの疲労はピークを越えていたでしょう。思考も動きも、いつもどおりにいかなくて当然の状況です。しかも「なんとかして1点取りたい」という気持ちになっている。仕方のないプレーと考えるべきでしょう。

ただ、このプレーで「勝負のシーソー」は鳥栖工に大きく傾きました。

【12回裏】鳥栖工の攻撃

■無死一、二塁から六番・林が三塁線へバント。投手の上田が捕ったが、一塁への送球が悪送球となる間に三塁走者が一気に生還。鳥栖工が3対2でサヨナラ勝ちした

富山商の上田は、11回までに158球を投げていました。12回のマウンドに上がりました

が、投球練習の前に腕をブラブラするしぐさを見せ、投げるまでに時間を使いました。しかも、投球練習では2球がバックネットまで抜ける球になっていました。

六番の林は初球からバントの構え。初球はボール。2球目はバントが三塁側へのファウルになって、1ボール1ストライクになりました。投手の上田は、二塁走者を2度けん制してから、3球目を投げた。一塁手の白崎がバントシフトで前へチャージをかけてきましたが、打者の林は外角の球をうまく三塁線へ転がしました。

上田がマウンドを駆け降りて捕りましたが、一塁への送球がワンバウンドに。一塁ベースカバーに入った二塁手の白木が後ろに逸らす間に、二塁走者の松延（晶）が一気に生還。鳥栖工がサヨナラ勝ちしました。

12回表までは両チームともノーエラー。最後の最後に甲子園のスコアボードに「エラー」のマークがつきました。しかし、「上田がしっかり送球できていれば……」「二塁手がワンバウンドをグラブで捕ろうとせず、体で止めていれば……」と、ミスを責めてはいけません。疲労しきった体と心で、両チームとも最後まで良く戦い抜いたと思います。

試合終了後のあいさつが終わり、甲子園があたたかい拍手に包まれました。勝敗は決まりましたが、そこに敗者はいなかったと思います。

県立高校同士の対戦。ドラフト上位候補として注目される選手がいたわけではありません。

でも、この試合には野球の面白さ、奥深さ、難しさ……。勉強になることがいろいろ詰まっていました。両チームとも基本に忠実で、自分たちの野球を理解していた。その野球を、甲子園でいつもどおりに展開した。こんな試合は滅多にありません。好ゲーム。その言葉以外に見つかりません。

＊＊＊

いかがでしたでしょうか。脳内ダブルヘッダーで野球ＩＱを高めれば、チームの財産になっていきます。それが代々受け継がれていくと、「打てる打者が揃っているときは強いけど、その選手たちが卒業したら弱くなる」というチームではなく、毎年負けにくいチーム、本当の意味での強いチームになっていきます。

指導者は「この前も同じプレーがあっただろう！」と言いがち。ですが、そのプレーについての考えかたを浸透させられているかどうか。「なぜそうするのか」を落とし込んで野球ＩＱを高め、そのプレーが試合でできるように練習する。そうやってはじめて、次の試合に生かすことができます。それが「成長する」ということです。

おわりに

～結果ではなく、プロセスに集中する～

野球には、似たような場面や状況はあっても、まったく同じ場面や状況はありません。

アウトカウントは「無死」「一死」「二死」の3とおり。走者の状況は「走者なし」「一塁」「二塁」「三塁」「一、二塁」「一、三塁」「二、三塁」「満塁」の8とおり。ボールカウントはP27からお伝えしたように12とおり。これだけで288とおりになります。

さらにイニング、点差があります。試合をする球場、グラウンドの状態、天候、気温、湿度、太陽の向き、風向き。もっと言えば、自分の体温、心拍数、筋肉の張り具合、疲労……。挙げればキリがありません。

試合においては、相手もある。対戦するチーム、投手、打者、走者……。そう考えると、「まったく同じ」であるはずがない。常に経験のないプレーに直面します。しかも、1球ごとに状況が変わっていくなかで、瞬時に判断してプレーしなければならない。だから、野球は難しいのです。「成功するなんて、神業に近い」「失敗するのが当たり前」という前提がないといけません。

そもそも「失敗」ではありません。うまくいかなかっただけ。たとえば、投手がどんなにいい球を投げて打ち取っても、打球が野手の前にポトリと落ちたら、ヒット。打者がどんなにいい当たりを打っても、野手の正面に飛んだら、アウト。今から投げる球、打つ球がどうなるかなんて、誰にもわからない。結果のことは、考えても仕方ありません。

それよりも、プロセスに集中する。勝とうが負けようが、うまくいこうがいくまいが、「これまで練習してきたんだから」と思えるだけで十分です。

選手がいろいろな経験を積んで、できる限りの準備をしたうえで試合に臨む。指導者の仕事は、それに尽きると思います。それには「野球あるある」をたくさん知っておいたほうがいいし、観察力が高いほうがいい。野球ＩＱを磨いて、やるべきことをやる。やってはいけないことをやらない。このすべてのプロセスが、結果としてスコアボードに得点、「Ｈ（ヒット）」などと表示されるだけです。

結果よりも、プロセス。野球をする人だけではなく、観戦する人もそう考えれば、野球の見方が変わってくるのではないでしょうか。「投げた」「打った」「捕った」「走った」といった結果を楽しみながら、「今のプレーには、こんなプロセスがあったのかもしれない」と、野球の醍醐味を感じられると思います。

「野球あるある」を知り、観察力を高め、野球ＩＱを磨く。そのために少しでもお力添えできないものか。そう思いながら、これまでの野球人生でつくってきた引き出しをすべて開けました。なかにあるものをすべて引っ張り出して、この本を書き上げたつもりです。ただ、その過程で、まだまだ勉強することがたくさんあると気づきました。やっぱり野球は奥が深いですね。だからこそ野球って、面白いんですね。もっともっと野球を楽しむために、私も野球ＩＱを磨いていきます。

最後まで読んでいただき、ありがとうございました！

２０２４年６月　飯塚智広

飯塚智広（いいづか・ともひろ）

1975年9月28日生まれ。二松学舎大附属沼南高から亜細亜大に進学。高校では主戦投手として2年春の千葉県大会優勝、夏は準優勝。3年春も県大会準優勝。大学で外野手に転向し、大学同期で現・侍ジャパン監督の井端弘和と一、二番コンビを組んだ。東都大学リーグ一部ベストナイン2回、二部首位打者1回。1998年、NTT関東に入社。日本選手権で初優勝に貢献し、優秀選手に選出。99年からNTTグループの組織改編でNTT東日本に転籍。入社1年目から日本代表入りし、2000年にはシドニー五輪に出場している。07年限りで現役を引退。社業に専念後、09年よりコーチとして現場復帰し、14年に監督に就任。17年の都市対抗優勝にチームを導き、21年限りで退任した。現在は社業につく傍ら、NHKの高校野球解説者としても好評を博している。

野球《やきゅう》IQ《アイキュー》を磨《みが》け！
勝利《しょうり》に近《ちか》づく“観察眼《かんさつがん》”

2024年6月29日　第1版第1刷発行

著者　飯塚智広《いいづかともひろ》
発行人　池田哲雄
発行所　株式会社ベースボール・マガジン社
〒103-8482
東京都中央区日本橋浜町2-61-9　TIE浜町ビル
電話　03-5643-3930（販売部）03-5643-3885（出版部）
振替口座 00180-6-46620
https://www.bbm-japan.com/

印刷・製本 共同印刷株式会社

©Tomohiro Iizuka 2024

Printed in Japan
ISBN 978-4-583-11703-4　C0075

＊定価はカバーに表示してあります。
＊本書の文章、写真、図版の無断転載を禁じます。
＊本書を無断で複製する行為（コピー、スキャン、デジタルデータ化など）は、私的使用のための複製など著作権法上の限られた例外を除き、禁じられています。業務上使用する目的で上記行為を行うことは、使用範囲が内部に限られる場合であっても私的使用には該当せず、違法です。また、私的使用に該当する場合であっても、代行業者等の第三者に依頼して上記行為を行うことは違法となります。
＊落丁・乱丁が万一ございましたら、お取り替えいたします。